Poly Henrion

Schlecht bewachte Mädchen

Lustspiel in 3 Akten (nach Varin und Michel Delaporte)

Poly Henrion

Schlecht bewachte Mädchen
Lustspiel in 3 Akten (nach Varin und Michel Delaporte)

ISBN/EAN: 9783741157110

Hergestellt in Europa, USA, Kanada, Australien, Japan

Cover: Foto ©Andreas Hilbeck / pixelio.de

Manufactured and distributed by brebook publishing software (www.brebook.com)

Poly Henrion

Schlecht bewachte Mädchen

F. von Kohlenegg (Poly-Henrioh).

Wien, 1865.
Druck von Waldheim & Förster.

Personen:

Conrad Reimer, ehemals Kaufmann, jetzt Rentier.
Mathilde, seine Frau zweiter Ehe.
Wally, seine Nichte.
Therese Müllner, Reimer's Schwester.
Clärchen, deren Tochter.
Edmund Feldern.
Julius Kleinlich.
Frau Pariser, Direktrice eines Mädchen-Pensionates.
Sabine, Stubenmädchen bei Reimer.
Adele, Modistin.
Ein Diener Reimer's.
Eine Magd bei Frau Müllner.

Ort der Handlung: eine große Stadt; Zeit: die Gegenwart.

(Rechts und links vom Schauspieler.)

Erster Akt.

(Bei Reimer. Reich und luxuriös möblirter Salon. Rechts erste Coulisse ein Fauteuil; zweite Coulisse ein Kamin mit Spiegel, Uhr, Vasen 2c.; vor dem Kamin gegen die Mitte der Bühne ein Sopha. Links erste Coulisse ein ovaler Tisch mit zwei Fauteuils; auf dem Tische Albums, Bücher, Blumenvasen u. dgl. Zweite Coulisse ein Fenster mit Blumentöpfen. In der Mitte des Hintergrundes die allgemeine Eingangsthür. Rechts und links, schräge gegen die letzten Coulissen, Seitenthüren. Zwischen den Seiten- und der Mittelthür Tischchen mit Stühlen. An den Wänden: Bilder, Statuen 2c.; unter den größeren Möbeln bunte Teppiche.)

Erste Szene.
Sabine, Adele.

Adele.
(Aus der Seitenthür rechts kommend und zurücksprechend.)

Wenn Sie befehlen, so werde ich warten, aber es pressirt wirklich nicht.

Sabine (aufräumend).

Ah! Mamsell Adele, schon fertig? Nun, ist die gnädige Frau mit dem Kleide zufrieden?

Adele (vorkommend).

Ziemlich; Sie wissen ja wie schwer die zufrieden zu stellen ist.

Sabine (seufzend.)

Leider!

Adele.

Sie will durchaus, daß ich Herrn Reimer hier erwarte, um gleich die Bezahlung zu empfangen.

Sabine.

Ja der Herr zahlt immer — und Alles — und handelt nie! Ist d e r verliebt in seine Frau!

Adele.

Das ist auch ganz in der Ordnung, es ist zwischen Beiden ein so großer Unterschied im Alter! — — — Und s i e, liebt sie ihn auch?

Sabine.

Wer kann das wissen. Aber übellaunisch ist sie oft genug; Fräulein Wally hat auch ihren eigenen Kopf und da gibt's dann Scenen — — —!

Adele.

Da haben S i e wohl einen recht schweren Stand im Hause.

Sabine.

Ach nein, ich bin recht zufrieden. Der Herr kümmert sich nur um die gnädige Frau, die Frau kümmert sich nur um ihre Toiletten, — um m i ch kümmert sich also Niemand und . . . . das weiß ich zu benützen. Doch, da kommt der Herr. (Geht nach rechts und beginnt wieder aufzuräumen.)

Zweite Szene.

Vorige, Reimer (von links.)

Reimer.

So, Mamsell Adele, da bin ich; wo ist die Rechnung?

Adele (gibt ihm dieselbe).

Hier, Herr Reimer.

Reimer (nach einem raschen Blick auf die Rechnung).

Donnerwetter, die ist nicht klein!

Adele.

Ich versichere, daß ich meine Kunden so billig als möglich bediene. Fragen Sie die gnädige Frau, die sich gewiß darauf versteht — — —

Reimer.

Ist meine Frau mit dem neuen Kleide zufrieden?

Adele.

Sie ist entzückt davon.

Reimer.

Dann ist es nicht zu theuer. (Er zählt Geld auf den Tisch links, indem er sich an jenes Ende desselben stellt, welches der Coulisse am nächsten ist, während Abele an das andere Ende des Tisches, gegen die Mitte der Bühne zu, tritt.)

Dritte Szene.

Vorige, Frau Müllner mit Clärchen (durch die Mittelthür eintretend. Beide in eleganten Sommertoiletten mit Hüten und Mantillen.)

Frau Müllner.

Da haben wir's! Mein Bruder gibt schon wieder Geld aus! Weiter thut er jetzt gar nichts mehr!

Sabine (bei Seite).

Die Frau Brummtante, wie Fräulein Wally immer sagt.

Reimer.

Grüß Dich Gott, Schwester.

Frau Müllner (höhnisch).

Abermals eine kleine Putzrechnung? Hat die Frau Gemahlin wieder neue Toiletten nöthig?

Clärchen.

Guten Morgen Onkelchen. (Sie tritt an den Tisch links, an Adelens Stelle.)

Reimer.

Guten Morgen liebes Clärchen! (er küßt Clärchen auf die Stirne, indem er sich über den Tisch lehnt und dann wieder fortfährt, das Geld aufzuzählen.)

Clärchen.

Ist Wally nicht hier?

Frau Müllner.

Schweig, mein Kind, Du störst Deinen Onkel im Geldausgeben!

Clärchen (die Unterwürfige spielend).

Wie Du befiehlst, liebe Mutter. (Setzt sich auf's Sopha.)

Reimer (zu Frau Müllner).

Nein, nein, laß sie nur — ich bin schon fertig. (Zu Abele). Ist's so in der Ordnung?

Abele (ist wieder an den Tisch getreten und steckt das Geld ein.)
Vollkommen, Herr Reimer — und morgen werde ich die Ehre haben die neuen Muster zu bringen.
Reimer.
Neue Muster?
Abele.
Ja, die gnädige Frau braucht noch ein Kleid für alle Tage.
Frau Müllner.
Noch ein Kleid?! Sie hat schon so viele Kleider als es Tage im Jahre gibt — jetzt braucht sie noch eines für alle Tage!!
Reimer (beschwichtigend).
Je nun, wenn Sie eines benöthigt — die Kleider sind ja so billig —
Frau Müllner (bei Seite).
Das findet der billig?! (Sie setzt sich zu Clärchen auf's Sopha.)
Reimer (zu Abele).
Kommen Sie morgen, liebe Mamsell, da meine Frau es wünscht, und bringen sie recht hübsche Muster mit.
Abele.
Schön, Herr Reimer! (Nach einer Verbeugung durch die Mitte ab.)
Sabine (im Abgehen zu Abele leise.)
Ist das ein Ehemann, was?! (Mit Abele ab.)

Vierte Szene.

Reimer, Frau Müllner, Clärchen.
Frau Müllner.
Conrad! Du bist unbegreiflich!
Reimer (lustig).
Wie so? (Er setzt sich auf den Fauteuil rechts im Vordergrund, dem Publikum halb den Rücken kehrend.)
Frau Müllner.
Das will ich gar nicht anfangen zu erörtern, sonst käme ich schwerlich so schnell damit zu Ende! — Lassen wir das! — Ich bin gekommen, Dich und deine Frau einzuladen, der Prüfung meiner Tochter beizuwohnen, die heute über acht Tage im Pensionat stattfindet.

Reimer.
Wir werden nicht ermangeln, umsomehr (zu Clärchen) da uns mein Clärchen gewiß viel Freude und Ehre machen wird.
Clärchen (bescheiden die Augen niederschlagend).
Wer weiß, lieber Onkel!
Frau Müllner (fest).
Ich weiß es! (Zu Reimer.) Es gibt gar kein fleißigeres und namentlich kein sittsameres Mädchen als meine Tochter.
Clärchen (wie oben.)
Das ist mir so angeboren, liebe Mutter.
Frau Müllner.
Weiß ich auch.
Clärchen.
Und dann Ihr Beispiel, — die steten, weisen Lehren, die tief eingegraben sind in meinem Innern — — —
Reimer (aufstehend und nach links gehend).
Nun also — Du wirst das Glück und den Stolz Deiner Familie ausmachen — hoffen wir's!
Frau Müllner (steht ebenfalls auf.)
Ich bin davon schon überzeugt.
Clärchen (ebenso).
Onkelchen, wie geht es Wally?
Reimer.
Ganz vortrefflich, liebes Kind; willst Du sie sehen?
Frau Müllner.
Das verbiete ich! Du weißt, daß Du nie allein mit ihr sein darfst.
Reimer.
So geh' Du mit ihr.
Frau Müllner.
Ich habe mit Dir zu sprechen, Conrad.
Reimer (seufzend bei Seite).
Oh weh!
Frau Müllner (deutet nach links zu Clärchen).
Geh' da hinein in das Cabinet Deines Onkels und warte bis ich Dich rufe.
Clärchen.
Wie Du befiehlst, liebe Mutter! (Bei Seite im Abgehen.) Diese Langeweile! (Links ab.)

Fünfte Szene.

Reimer. Frau Müllner.

Reimer (nach rechts gehend).

Du bist ein Bischen streng mit Deiner Tochter.

Frau Müllner.

Und Du bist es zu wenig mit beiner Nichte! Ich bin entrüstet über die Art und Weise, wie Wally bei dir erzogen wird.

Reimer.

Ich finde Deinen Tadel ungerecht. Wally ist eine Waise. Als ihre Eltern starben, war das Kind arm und verlassen, weit weg in der Provinz, und kam auf's Land zu . . . Bauern! Ich hätte sie zwar dort lassen können und mich nicht um sie bekümmern, allein . . . (Lehnt sich mit dem Rücken an den Kamin.)

Frau Müllner (sich Reimer nähernd).

Du fürchtetest das Urtheil der Welt; wolltest für keinen schlechten Onkel gelten!

Reimer.

Und die Welt hätte vollkommen recht gehabt, wenn sie mich dafür gehalten hätte. Ich war reich, Witwer, ohne Kinder, hatte mich von den Geschäften zurückgezogen und also nichts Besseres zu thun, als mich meiner armen Nichte anzunehmen, deren natürlicher Vormund ich war. Deßhalb habe ich sie in mein Haus genommen und sorge für sie wie für mein eigenes Kind.

Frau Müllner.

Schöne Fürsorge! Sie ißt, trinkt, schläft, allerdings mehr als nöthig ist, für das Materielle sorgst Du ganz außerordentlich und bildest Dir ein, damit sei Alles gethan, weil Du eben selbst nur materiell bist vom Wirbel bis zur Zehe.

Reimer (lächelnd).

So?! Ich glaubte ich wäre geistreich!

Frau Müllner.

Zum Erbarmen! Kümmerst Du Dich um ihre Seele, um ihren Geist, um ihre Moral — (stärker) um ihre Moral, so wie ich die meiner Tochter überwache.

Reimer.
Mich dünkt, Du übst diesen **Wachtdienst** ein wenig zu strenge.
Frau Müllner.
Eine sehr wohlthätige Strenge! die Du ebenso bei Wally anwenden solltest! — Conrad, **mir** hättest Du das Kind anvertrauen sollen, ich hätte ihre schlechten Anlagen mit der Wurzel ausgerissen und ein **ordentliches** Mädchen aus ihr gemacht.
Reimer (sich auf's Sopha setzend).
Ei — ich hoffe Du hältst sie nicht für das **Gegentheil**!
Frau Müllner.
So wird sie's **werden**, — (Reimer zuckt ungeduldig mit den Achseln) wenn sie länger in Deinem Hause bleibt. (Sie setzt sich zum Tische links.) Deine Frau, die ihr mit gutem Beispiele vorangehen sollte, gibt ihr nur das des Luxus und der Frivolität.
Reimer (ungeduldig).
So — nun geht's wieder über meine Frau los!
Frau Müllner.
Und Du selbst! Du, — ein Mann, — (verächtlich) Pantoffelheld! — stehst unter dem Commando Deiner Frau! Sie hat Dich in die große Welt gezogen; läßt Dich allen Vergnügungen nachlaufen, umgibt Dich nur mit **jungen** Menschen und macht aus Dir selbst einen alten lächerlichen Gecken! (Reimer will sprechen.) Einen **alten lächerlichen Gecken**, der sich wie ein junger Dandy kleidet und sich des Morgens alle grauen Haare ausrupft um Abends hübsch **braun** zu sein! Mußt Du bei **der** Arbeit müde werden!
Reimer (lächelnd).
So ein kleiner Betrug ist kein Verbrechen und wird mit der Zeit sogar nöthig. Meine Frau ist **jung** und ich ... wünsche zu vergessen daß ich es **nicht mehr bin**!
Frau Müllner.
Du hättest überhaupt gescheidter gethan, **Wittwer** zu bleiben.
Reimer.
Na, zu diesen Reflexionen ist's jetzt zu spät.

Frau Müllner.
Ich habe diese Heirat nie begreifen können.
Reimer (steht auf).
Vielleicht wirst Du mit jener mehr einverstanden sein, die ich für Wally beschlossen habe.
Frau Müllner (ebenfalls aufstehend.)
Du willst Wally verheiraten?
Reimer.
Ja — es ist höchste Zeit! Sie und meine Frau können sich weder verstehen noch vertragen. Mathilde ist ein Bischen heftig, Wally ist gerade auch kein Lamm, und widerspricht ihr fortwährend, so kommt's zu steten Reibungen und ich, zwischen den beiden Frauen, ich . . . ich will mich nicht länger reiben lassen!
Frau Müllner (pathetisch).
Und deßhalb willst Deine Nichte hinopfern?
Reimer.
Hinopfern? Ich opfere sie ja nicht! Ich habe ihr einen charmanten jungen Mann ausgesucht, mit dessen Vater ich lange Zeit in Geschäftsverbindung stand. Das junge Herrchen kommt eben aus Brasilien zurück, wohin sein Vater ihn gesandt hatte, um große Minengeschäfte und andere industrielle Unternehmungen einzuleiten; die Partie ist vortrefflich, eine bessere als ich je hoffen durfte für Wally zu finden.
Frau Müllner.
Das glaube ich! (Bei Seite.) Mir paßte der auch für mein Clärchen. (Laut.) Kennt ihn Wally?
Reimer.
Nein, sie weiß noch gar nichts davon.
Frau Müllner (boshaft).
Und glaubst Du, daß sie mit einem, ewig auf dem Meere schwimmenden Herrn Gemal zufrieden sein wird?
Reimer.
Sein Vater wird ihn hier in der Residenz etabliren.
Frau Müllner (wie oben).
Ich wünsche daß es gut ausgehen möge! Wenigstens kommt Wally aus der . . . gefährlichen Nachbarschaft.
Reimer (erblickt Mathilde).
Ach, da ist ja mein Thilbchen!

Sechste Szene.

Vorige. Mathilde (von rechts).

Mathilde (in die Coulisse zurücksprechend).

Nein, das ist denn doch zu arg — das halte ich nicht länger aus.

Reimer.

Was hast Du denn, mein Herzchen?

Mathilde.

Meine Gedulb ist zu Ende. (Geht rechts zum Kaminspiegel und ordnet sich das Haar).

Reimer.

Was hat es benn gegeben?

Mathilde (immer mit ihrem Haarputz beschäftigt).

Zank, Ungehorsam, Widerspänstigkeit — wie gewöhnlich!

Reimer.

Wally schon wieder?

Mathilde.

Wer sonst? (Sie kommt vor ohne Frau Müllner zu sehen welche sich zum Tische links setzt und in einem Album blättert.) Ich gebe ihr eine Mantille, um ein Spitzenendchen, das abgetrennt war, wieder anzunähen! Glaubst Du sie hätte es gethan? Keine Spur! Sie meinte, später habe es wohl auch noch Zeit, — ich hätte ja mehr Mantillen — ich könnte ja eine andere nehmen! — Und als ich sie zwingen wollte, mir zu folgen, — ging sie in den Garten Federball spielen!

Reimer.

Was Du sagst!

Frau Müllner (immer in dem Album blätternd).

Das war allerdings sehr ungezogen von ihr, — aber Federball spielen oder Spitzen annähen, ist eines so nützlich wie das andere, und ich wundere mich, daß man in diesem Hause die Zeit mit solchen Lappalien verbringt.

Mathilde.

Frau Schwägerin, ich kümmere mich nicht um Ihre Hausordnung, wollen Sie so freundlich sein, gegen mich dieselbe Rücksicht zu haben.

Frau Müllner (wie oben).

Schön; ich sehe es auch täglich mehr ein, wie thöricht es

ist, für g e w i ſ ſ e Perſonen Theilnahme ober Intereſſe zu
haben....
Mathilde.
Ich, für meinen Theil, biſpenſtre Sie davon ...
Reimer (zwiſchen beiden ſtehend).
Na — na! Kinder — ſchließen wir die Diskuſſion!
Mathilde.
Ich erkläre Dir, lieber Mann, daß ich nicht länger mit
Wally unter einem Dache bleibe. Es geht über meine Kräfte.
Eine ſolche Exiſtenz kann ich nicht weiter führen.
Frau Müllner (immer wie oben).
Wenn ſie ſich über Wally zu beklagen haben, meine Liebe,
ſind Sie nur ſ e l b ſt daran Schuld! Waren ſie nicht ihre Erzie=
herin ihre Gouvernante? Hätten ſie den Charakter ihrer Schü=
lerin beſſer gezogen, hätten S i e beſſer Ihre P f l i ch t gethan ...
Mathilde.
Frau Schwägerin, ich verbiete mir alle unberufenen Be=
merkungen. Ich weiß was ich zu thun hatte, und weiß daß i ch
jetzt Herrin hier im Hauſe bin!
Reimer.
Meine Damen, nun iſt's genug! Wenn ich zwiſchen d r e i
Frauen einen Frieden herzuſtellen nöthig hätte, müßte ich min=
deſtens einen C o n g r e ß zuſammenberufen.
Mathilde.
Lieber Mann, ich ertrage es nicht länger.
Reimer.
So ſei doch nur ruhig — es hat Alles jetzt ein Ende —
Wally wird heiraten.
Mathilde.
Heiraten?
Reimer.
Sogar ſehr bald.
Mathilde.
Du haſt mir ja kein Wort davon geſagt?
Reimer.
Heute Morgens wurde erſt Alles abgemacht — ich wollte
Dich überraſchen...
Mathilde.
Wer iſt der Zukünftige?

Reimer.
Du wirst ihn gleich kennen lernen, ich erwarte ihn eben.
Mathilde.
Gott sei Dank — ich bin mit Jedem einverstanden, daß nur wieder Ruhe im Hause wird!

Siebente Szene.

Vorige. Wally, dann Sabine.

Wally (eine Federball-Raquette in der Hand, durch die Mitte).
Pardon, Onkelchen, ich komme nur meinen Federball zu holen, der sich dort einquartirt hat (deutet auf das Fenster.)
Reimer.
Leg' das Zeug da weg und höre mich ruhig an.
Wally.
Ach laß' mich zuerst meinen Federball holen.
Reimer.
Nein, stillgestanden! Ich muß Dich auszanken.
Wally (schelmisch).
Ist das so nothwendig?
Reimer.
Ja; Du beträgst Dich nicht achtungsvoll genug gegen Mathilde.
Wally.
Nicht achtungsvoll?
Reimer.
Sie verlangt Gehorsam, Respekt —
Wally.
Respekt? Freundschaft wäre vielleicht besser! Vor Frau Müllner habe ich gewiß sehr viel Respekt — sie ist in einem Alter ...
Frau Müllner (grob).
Mein Alter kümmert Sie nichts, Mamsell Naseweis!
Wally.
Auch gut! Aber mein kleines Tantchen ... die fast ebenso jung ist wie ich ... (schelmisch) Ei ich glaubte ihre Eitelkeit zu verletzen, wenn ich zu viel Respekt vor ihr hätte.

Mathilde.
Es handelt sich nicht um meine Jugend sondern um die Stellung, die ich in diesem Hause einnehme! Du scheinst die Güte zu vergessen, mit der man dich hier aufnahm!
Wally.
Das wäre schwer... man erinnert mich ja täglich an dieselbe.
Reimer.
Das war schon wieder eine Bemerkung, die...
Wally.
Hätteft Du mich lieber in meinem Dörfchen, bei meinen guten Bauern gelassen! — Die waren nicht reich, nicht meine Verwandten und nahmen mich dennoch liebevoll auf... ohne mir ihre Güte täglich vorzuwerfen! Und als ich von ihnen wegzog, w e i n t e n sie! Es scheint, daß ich denn doch nicht gar so... s c h l i m m bin!
Mathilde.
Nun, ich denke, die Erziehung, die Du h i e r genossen hast...
Wally.
Mein Gott! wenn J e n e mich hätten erziehen können, hätte ich keine Gouvernante nöthig gehabt — (Reimer nickt lächelnd zustimmend) und S i e wären dann auch schwerlich die Frau meines Onkels geworden! (Sie umarmt Reimer, der von den letzten Worten unangenehm berührt scheint und mit Wally mehr in den Hintergrund geht, nachdem diese ihren Federball vom Fenster geholt hat.)
Mathilde (wüthend bei Seite).
Die Unverschämte!
Frau Müllner (noch mit dem Album beschäftigt).
Ja — Glück muß der Mensch haben. Vom Lectionengeben zur Millionärin avanciren! — Hübscher Sprung! Es gibt Frauen, die eben so glücklich sind als... schlau!
Mathilde.
Und es gibt andere, die nicht einmal so viel Geschicklichkeit besitzen, ihren M a n n sich zu e r h a l t e n. Ich kenne eine, die schon wenige Monate nach der Hochzeit von dem ihrigen verlassen wurde, und die ihn dann fern, allein und verlassen sterben ließ.

Frau M ü l l n e r (aufspringend.)

Madame! (sie geht wüthend auf Mathilden zu; Reimer stürzt ängstlich zwischen Beide). Wenn mein Mann mich verlassen hat, so waren meine **guten Augen** daran **Schuld**! (Reimer zupft sie beschwichtigend am Kleide; sie fährt aber stets heftiger, ohne auf ihn zu achten, fort.) Ich war nicht blind, nicht kindisch leichtgläubig — (sich plötzlich zu Reimer wendend, losplatzend) wie andere gewisse Menschen ... deren Name mir auf der Zungenspitze schwebt!

R e i m e r.

Sapperlot! wird heute Ruhe werden oder nicht! Soll ich mich auch noch ärgern?!

W a l l y (mit dem Federball spielend).

Onkelchen, ich möchte wieder nach dem Garten gehen!

R e i m e r.

Nein, ich habe mit Dir zu sprechen! (Frau Müllner setzt sich auf's Sopha.)

W a l l y (wie oben).

Könntest Du das nicht auf später verschieben?

R e i m e r.

Nein! — Uebrigens habe ich dir etwas mitzutheilen, was Dich jedenfalls sehr erfreuen wird!

W a l l y (wie oben).

Das wäre was Neues! (Sie läßt den Federball fallen und hebt ihn wieder auf.)

R e i m e r.

Es handelt sich um ... einen Bräutigam!

W a l l y (immer spielend.)

Um einen Bräutigam? Für wen? (Der Federball fällt wieder herab).

R e i m e r (denselben aufhebend und Wally gebend).

Für Dich!

W a l l y (spielt wieder).

Für mich?! (Sie läßt den Ball zum dritten Male fallen, Reimer hebt ihn abermals auf und will ihn Wally wieder geben, besinnt sich aber und steckt ihn in die Tasche.) Ist das Spaß oder Ernst? (Geht zu Mathilde.) Wirklich Tantchen, für mich? (Legt die Raquette auf den Tisch rechts.)

Reimer.
Also würdest Du Dich gerne verheiraten?
Wally.
Außerordentlich gerne! Ich werde meinen Bräutigam wie einen geliebten Retter empfangen, der mich von vielen... Unannehmlichkeiten befreit, und wenn er nicht zu alt und häßlich ist...
Reimer.
Sei unbesorgt, ich habe Dir ein Männchen ausgesucht...
Sabine (durch die Mitte eintretend).
Herr Reimer!
Reimer.
Was gibt's?
Sabine.
Eine Visitenkarte; ich habe den Herrn in den kleinen Salon eintreten lassen.
Reimer (wirft einen Blick auf die Karte).
Er ist es!
Mathilde (zu Wally gehend).
Man kann sie ihm doch nicht in diesem Hauskleidchen vorstellen!
Frau Müllner.
Weshalb nicht? Die Einfachheit ist die schönste Zierde eines jungen Mädchens.
Mathilde.
Ja, Einfachheit und... eine hübsche Toilette.
Reimer (zu Mathilde und Frau Müllner).
Lassen wir den jungen Mann nicht länger warten. (Zu Wally). Mache Dich so schön als möglich!
Wally (trocken).
Ich werde mir Mühe geben!
(Frau Müllner und Mathilde sind an der rechten Seitenthür angelangt, und machen sich gegenseitig ceremonielle Verbeugungen, um der Andern den Vortritt zu lassen.)
Reimer (dies bemerkend).
Welche Umstände! — Schwester, geh' Du voraus — Du bist ohnehin die Aelteste! (Frau Müllner macht erzürnt einen Schritt gegen Reimer, bezwingt sich aber und geht stolz ab; die beiden Andern folgen lachend.)

Achte Szene.

Wally, dann Clärchen.

Wally.

Sie sind alle neugieriger auf meinen Zukünftigen als ich — und dennoch begrüße ich ihn als meinen Befreier, meinen Erretter! — —

Clärchen (steckt den Kopf zur linken Seitenthür heraus). Wally! bist Du allein?

Wally.

Was, Clärchen, Du hier?

Clärchen (kommt vor und umarmt Wally).

Mama hatte mit dem Onkel allein zu sprechen und exilirte mich da hinein! Aber es ging ein Bischen lebhaft hier zu; gab es denn einen kleinen Zank?

Wally (schmunzelnd).

Ja, wie gewöhnlich hier im Hause. Deine Mutter und Tante Mathilde sind beständig auf dem Kriegsfuße, und wenn die Eine das Schlachtfeld räumt, nimmt die Andere die Feindseligkeiten mit mir wieder auf! Gekämpft muß immer werden!

Clärchen.

Mir schien, ... ich horchte zwar nicht, Gott bewahre, das thu' ich nie...

Wally.

Ich sehr oft!

Clärchen.

Aber man sprach so laut, daß ich von einer Heirat zu hören glaubte!

Wally.

Ganz richtig! Der Unglückliche ist bereits im Gefängniß angelangt! (Deutet nach rechts.)

Clärchen.

Kennst Du ihn?

Wally.

Nein, ich habe ihn nie gesehen.

Clärchen.

Und willst ihn heiraten?

Wally.
So schnell als möglich.... um von hier fortzukommen!

Clärchen.
Fühlst Du Dich denn hier so unglücklich?

Wally.
Unglücklich... ist nicht das richtige Wort.... ich bin auch nicht von der Sorte, die so rasch aus Kummer sterben... Auch habe ich Onkel Conrad recht lieb; er ist gut, gerecht und ich bin überzeugt, daß er mich — im Geheimen — auch sehr gern hat! Aber seine Frau kann mich nicht leiden, nicht daß sie bösartig wäre, nein — aber sie ist hoffärtig, eigensüchtig, möchte die ganze Welt terrorisiren.... und das paßt mir nicht! Ich wiedersetze mich, opponire — ich bin immer auf der äußersten Linken!

Clärchen.
Das finde ich ganz natürlich und stimme Dir auch vollkommen bei! Also bist Du ganz Sklavin? Hast keinen freien Augenblick?

Wally.
Oh, im Gegentheil, nur zu viel! Es kümmert sich kein Mensch um mich! Onkel Conrad und die Tante sind ja meistens verreist...

Clärchen.
Warum nehmen sie Dich nie mit?

Wally.
Weiß ich nicht! Ich bleibe immer allein mit Sabine — die von Früh Morgens bis spät Abends spazieren geht.

Clärchen.
Allein, so oft, so lange, und in Deinem Alter... das ist sehr gefährlich.

Wally.
Ja — ein Bischen!... Hauptsächlich ist es langweilig!... Freilich muß ich auch oft auf meiner Hut sein... so allein, mir selbst überlassen...

Clärchen.
Da Du Niemanden liebst, ist die Gefahr nicht so groß... aber, wenn Du auch noch gegen die Liebe zu kämpfen hättest....

Wally.

Gegen die Liebe — das wäre allerdings... Das heißt, es ist schwer hierauf zu antworten. Was würdest Du in dem Falle thun?

Clärchen (sehr züchtig und unschuldsvoll).

Ich — wie sollte ich darüber sprechen können?! Du weißt, wie man mich bewacht und hütet... was eigentlich überflüssig ist, da mein eigenes Gefühl für Sittsamkeit und Tugend —

Wally.

Hm hm! In Deinem Pensionat geht's sehr anständig zu?

Clärchen.

Außerordentlich! Die Professoren sind lauter alte Herren, sehr ehrwürdig und langweilig; — die Lehrerinnen fürchterlich streng und von einer Moralität.... (Sich vergessend und einen andern Ton anschlagend.) Apropos, eine kannte Frau Reimer noch von früher...

Wally.

Da sie auch Erzieherin war, ist das nichts Merkwürdiges.

Clärchen.

Es scheint, daß sie als Mädchen ziemlich... lustig war und kokett...!

Wally.

Wie ich merke, wird in Eurem moralischen Pensionat denn doch auch ein wenig geklatscht.

Clärchen.

Nun... Erholungsstunden müssen wir doch haben. Aber das ist noch nicht Alles, man behauptet, daß Tante Mathilde vor ihrer Verheiratung....

Wally.

Wenn es etwas Schlechtes ist, was man behauptet — so sag' mir's lieber nicht! Sie ist die Frau meines Onkels, und was ihm unangenehm wäre, will auch ich nicht wissen!

2*

Neunte Szene.

Vorige. Frau Müllner.

Frau Müllner (durch die Mitte eintretend).
Stecken schon wieder beisammen! — (Zu Clärchen.) Weshalb hast Du das Kabinet verlassen, in welches ich Dich internirt habe?
Clärchen.
Verzeih' Mama, Wally kam zufällig in jenes Zimmer....
Wally (bei Seite, erstaunt).
Sie lügt ja?!
Clärchen.
Und da traten wir dann hier ein und plauderten...
Frau Müllner.
Wovon?
Wally.
Wir sprachen von....
Clärchen (rasch einfallend).
Von meiner Prüfung und ich lud Wally ein mitzukommen.
Wally (wie oben).
Ah! Die lügt nicht schlecht!
Clärchen.
Trachte nur, dabei zu sein — wir werden Komödie spielen.
Wally.
Kannst Du das auch?
Frau Müllner (stolz).
Oh, ganz vortrefflich!
Clärchen.
Du wirst Dich selbst überzeugen — leider, daß es das letzte Mal sein wird!
Wally.
Du verläßt die Pension?
Frau Müllner.
Ja, von nun an wird sie bei ihrer Mutter bleiben! —
Wally.
Da bist Du wohl recht zufrieden?

Clärchen.

Ah ja! (Die Hand ihrer Mutter ergreifend, in schmeichelndem Tone.) Wenn man eine so zärtliche, aufopfernde Mutter hat — so sehnt man sich nach dem Augenblick, wieder ganz i h r anzugehören! Und doch verlasse ich so manche treue Jugendfreundin, so manches schöne Bündniß, das von nun an nur mehr in der Erinnerung wird leben können.

Wally.

Das kann ich mir wohl denken — indeß — nun werde ich da sein, mein Mühmchen, und meine Liebe soll Dich für Manches entschädigen, das Du dort verlassen mußt.

Frau Müllner.

Du vergißt, daß bald ein Gatte all' Dein Denken und Fühlen in Anspruch nehmen wird!

Wally.

Richtig — daran dacht' ich gar nicht mehr! Sahen Sie ihn?

Frau Müllner.

Ja; — der junge Mann scheint mir viel Muth zu besitzen....

Wally.

Ah?

Frau Müllner.

Da er Dich heiraten will, ohne Dich zu kennen.

Wally (knixend, ironisch).

Danke! — Wie sieht er denn aus?

Frau Müllner.

Na... sein Physisches ist annehmbar, allein... Aeußerlichkeiten haben so geringen Werth!

Clärchen (sich vergessend).

Oh doch, Mama, ein Mann der..

Frau Müllner.

Schweig' still, meine Tochter!

Wally.

Nun, und was meint denn mein Onkel?

Frau Müllner.

Der hat ihn natürlich mit offenen Armen aufgenommen! Seine Frau hingegen...

Wally.
Hat sie ihn schlecht empfangen?
Frau Müllner.
Das hätte sie nicht wagen dürfen, allein sie fingirte ein plötzliches Unwohlsein und verließ stolz den Salon.
Wally.
Das ist sonderbar!
Frau Müllner.
Oh nein... ganz natürlich! Sie ärgert sich, daß Du einen jungen Mann bekömmst, während sie selbst einen... alten hat.
Clärchen.
Das begreife ich, denn ein alter Ehemann...
Frau Müllner.
Aber so schweig' doch! Was sprichst Du denn von Dingen, die Du noch gar nicht zu verstehen hast!

Zehnte Szene.

Vorige. Mathilde (durch die Mitte).

Mathilde (bei Seite).
Noch immer hier!
Frau Müllner.
Ah, Frau Schwägerin! Nun, Ihr Unwohlsein, das ich übrigens begreiflich finde...
Mathilde.
Sie finden es begreiflich?
Frau Müllner.
Ist wohl schon vorüber...? und ich staune, daß das neue Familien=Schooßkind Sie nicht hieher begleitete — ich hätte ihn für galanter, für (mit einem Blick auf Wally) sehnsüchtiger gehalten!
Clärchen (bei Seite).
Ich möchte ihn gerne sehen! (Sie versucht, ungesehen, theils durch die Mittel=, theils durch die rechte Seitenthür in die anstoßenden Gemächer zu blicken.)

Mathilde.

Das neue Familien-Schooßkind, wie Sie den Bewerber Wally's zu nennen beliebten, wäre auch sicher bereits hier, wenn mein Mann ihn nicht zurückgehalten hätte... und aufrichtig gestanden, sind Sie ein wenig daran Schuld.

Frau Müllner.

Ich?

Mathilde.

Conrad wollte sich nicht in Gegenwart des fremden jungen Mannes Ihren gewöhnlichen schwesterlichen Bemerkungen aussetzen und will mit der Brautwerbung lieber warten....

Frau Müllner.

Bis ich fort bin?

Mathilde (mit einer zierlichen Verbeugung).

Sie sind so freundlich, meine Rede selbst zu beenden.

Frau Müllner (ebenso).

Und ich bin Ihnen sehr verbunden, daß Sie mir die längst präparirte Pille so liebenswürdig überzuckern.

Mathilde (wie oben).

Frau Schwägerin!

Frau Müller (wie oben).

Frau Schwägerin! (Den Ton ändernd.) Uebrigens paßt mir das gerade so! Mein Clärchen braucht bei derartigen Manövern gar nicht dabei zu sein! Komm, Kind! Geh'n wir ein Bischen frische Luft schöpfen! (Nimmt Clärchen barsch bei der Hand und geht rasch durch die Mitte mit ihr ab.)

Eilfte Szene.

Wally. Mathilde.

Wally.

Sie verabschieden sie ziemlich barsch.

Mathilde.

Das geschah mit Absicht... denn die Augenblicke sind kostbar... und ich habe mit Dir zu sprechen, mein theures Kind.

Wally (bei Seite).

Ihr theures Kind?

Mathilde.

Ich weiß, Du liebst mich nicht... Du mußt mich sogar hassen...

Mally.

Ich hätte nichts sehnlicher gewünscht, als Sie vom Herzen lieben zu können, — und wenn Sie es nur gewollt hätten...

Mathilde.

Ja, nur meine Schuld ist's! Aber ich bin so nervös — so leicht erregbar... Wie oft war ich hart und ungerecht gegen Dich... aber ich bereue es — denn jetzt erkenne ich, daß Du besser bist als ich — d'rum vergib mir, wenn ich Dich gekränkt, wenn ich Deinem Herzen wehe gethan habe.

Wally.

Ich Ihnen vergeben? (Bei Seite.) Die will was!

Mathilde.

Besser wär' es gewesen, Dich wie eine Schwester, wie eine Freundin zu behandeln...

Wally (herzlich).

O, da hätten Sie mich auch viel glücklicher gemacht...

Mathilde.

Nun denn... es ist noch Zeit... ich bin gekommen, Dir die Hand zu reichen... willst Du mir die Deinige geben, Wally?

Wally.

Hier ist sie... und von ganzem Herzen! (Sie reichen sich die Hände.) Mir fehlte viel in diesem Hause, da mir Ihre Freundschaft, Ihre Liebe fehlte... jetzt aber — — —

Mathilde.

Hast Du sie, da Du sie in reichem Maße verdienst! Und den ersten und besten Beweis meiner Theilnahme für Dich kann ich Dir gleich jetzt geben, indem ich jene Heirat verhindere, zu der man Dich zwingen will!

Wally (enttäuscht).

Verhindern? Weßhalb?

Mathilde (von nun an immer unsicherer).

Weil der Mann, den man Dir bestimmt hat, Dich nicht glücklich machen würde.

Wally.

Woraus schließen Sie das?

Mathilde.
Aus seinem Vorleben ... aus seinen früheren Verbindungen! Er würde Dir wohl sagen daß er Dich liebe ... er würde es Dir schwören ... allein seine Versprechungen, seine Eide sind **Lügen**! Er würde Dich betrügen, wie er Andere betrogen hat!

Wally.
Sie kennen ihn also?

Mathilde.
Willige nicht in diese Heirat, Wally, verweigere ihm Deine Hand ... Du würdest mit diesem Manne grenzenlos unglücklich werden.

Wally (immer erstaunter).
Ich soll ihn zurückweisen?

Mathilde.
Das kann Dir ja kein Opfer sein ... Du kennst ihn ja gar nicht.

Wally.
Das bleibt sich gleich. Mein Onkel hat mit väterlicher Fürsorge diese Wahl getroffen, wie kann ich ohne Grund, auf vielleicht **irrthümliche** Voraussetzungen hin ...

Mathilde.
Du mußt es ... Du mußt es um jeden Preis!

Wally (ruhig).
Ich werde meinen Onkel um Rath fragen.

Mathilde (aufschreiend).
Meinen Mann?

Wally (bei Seite).
Sie erschrickt?

Mathilde.
Um Gotteswillen nicht! Siehst Du denn nicht meine Angst, meine Aufregung? ... Muß ich Dir erst noch **gestehen**, was Du vielleicht schon errathen hast?!

Wally (bei Seite).
Fast fürchte ich's!

Mathilde.
Nun denn, ja! Besser ich vertraue mich Dir an ... ich kenne Dein Herz, Du wirst mich nicht verrathen! —

Wally (theilnahmsvoll).
Ich, Sie verrathen?! —
Mathilde.
Du sollst Alles wissen!... und wenn es noch eine Entschuldigung gibt, so liegt sie in den Verhältnissen welche meine Jugend trübten. Wir waren einst reich; allein mein Vater liebte das Spiel leidenschaftlich, meine Mutter, eine vortreffliche Frau, war die Mildthätigkeit selbst und wandte ihr ganzes Herz jenen unglücklichen Kindern zu, die das harte Schicksal heimsuchte... elternlos zu sein. Sie war die wohlthätige Fee aller Waisen... und fühlte nicht, daß sie dadurch ihr eigenes Kind fast zur Waise machte!... Mir selbst überlassen, fand ich nur Trost und Zerstreuung in Studien und Erwerbung wissenschaftlicher Kenntnisse. Man hielt mir die besten Lehrer, die berühmtesten Meister ... ich machte rasche Fortschritte... und als die Verschwendung meines Vaters, das übertriebene Mitleid meiner Mutter uns zu Grunde gerichtet hatten... hieß es **arbeiten** um unser Brod zu erwerben! (Wally macht eine theilnehmende Bewegung). Ich bildete mich vollständig zur Lehrerin aus und gab Lektionen.
Wally.
Aber das war ja sehr rechtschaffen, sehr ehrenvoll!
Mathilde (düster).
Und ward mein Unglück!... Eine meiner Schülerinnen hatte einen Bruder... Herrn Edmund Feldern.
Wally.
Am Ende gar der **mir** bestimmte Bräutigam?
Mathilde (verlegen).
Ja, Wally, er ist's (erregt.) Und wenn Du ihn heirathest ... wenn er in unsere Familie träte... wenn ich gezwungen wäre seine Gegenwart zu ertragen, ihn täglich zu sehen ... ihn ... zwischen mir und meinem Gatten ...! Nein, nein, Wally, lieber sterben!
Wally (nach kurzer Pause entschlossen).
Ich begreife Alles ... zählen Sie auf mich!
Mathilde.
Du willst ihm entsagen?
Wally.
Ja!

Mathilde.
O Dank! Dank, Wally — (sie küßt sie.) Du rettest mich!
Wally (bei Seite).
Mein armer Onkel! — (Beide gehen nach rechts in den Vordergrund).

Zwölfte Szene.
Vorige, Reimer, Edmund.
Reimer.
Treten Sie nur ein, lieber Edmund!
Wally (bei Seite).
Das ist er also!
Edmund (grüßend).
Meine Damen! (Allgemeine Begrüßung — Mathilde setzt sich auf den Fauteuil im Vordergrunde rechts, Wally auf das Sopha).
Reimer (längs dem Camin zu Mathilde tretend).
Nun, mein Herzchen, ist Dir besser!
Mathilde.
Es war nur ein kleiner Anfall von Migraine.
Reimer.
Wir bedauerten daß Du uns deßhalb so schnell verlassen mußtest.
Edmund.
Und ich kam um das Vergnügen, Ihre liebenswürdige Bekanntschaft zu machen! (Er verbeugt sich gegen Mathilden).
Mathilde (bei Seite).
Er besitzt noch immer die alte Kühnheit!
Reimer (ist hinter dem Sopha wieder zu Edmund getreten).
Nun, Sie werden wohl künftig mehr Gelegenheit dazu finden! — Aber vorerst will ich Sie mit aller Feierlichkeit vorstellen.
Edmund (bei Seite).
Vor ihr... das ist störend!
Reimer (zu Wally).
Liebe Nichte, Herr Edmund Feldern! (Wally nickt kalt mit dem Kopfe). Lieber Edmund, meine Nichte Wally! (Edmund verbeugt sich ebenfalls.) So, die nöthigen Formalitäten wären beendet... jetzt wollen wir gemüthlich sein! (Er nimmt einen Fauteuil von links

und schiebt ihn Edmund zu, der sich darauf setzt; Reimer bleibt zwischen Wally und Edmund stehen).

Edmund.

Mein Fräulein, Ihr Herr Oheim beglückt mich mit so viel Wohlwollen, daß ich doppelt erfreut wäre, Sie dasselbe theilen zu sehen.

Wally.

Mein Herr...! (bei Seite.) Er ist sehr hübsch!

Edmund.

Nur hat Herr Reimer mich falsch über Sie berichtet.

Reimer.

Ich?

Edmund.

Sie sagten mir Ihr Fräulein Nichte sei reizend...

Reimer (hinter dem Sopha sich Wally nähernd).

Und ist sie es etwa nicht?

Edmund.

Bezaubernd... entzückend hätten Sie sagen müssen.

Wally (geschmeichelt bei Seite).

Sehr galant!

Mathilde (bei Seite verletzt).

Und in meiner Gegenwart!

Reimer.

Es ist mir sehr angenehm das von Ihnen zu hören und da Wally den Zweck Ihres Besuches bereits kennt, so... gehen Sie gerade auf's Ziel los! —— — Sie haben das Wort!

Edmund.

Das Fräulein wußte gewiß im Vorhinein, welchen günstigen Eindruck sie auf mich machen würde... allein das genügt nicht! Auch mein Urtheil muß gesprochen werden... und ich bin linkisch, schüchtern...

Mathilde (bei Seite).

Davon merkt man nichts.

Edmund.

Früher war ich allerdings mehr Weltmann... ich hatte mehr Vertrauen zu mir selbst, allein die Geschäftsunternehmungen unseres Hauses führten mich unter einen anderen Himmelsstrich und wenn sonst das Reisen die Jugend bildet... mich haben sie wieder — entbildet! In fernen Welt=

theilen, unter Wilden und Negern . . . wurde ich selbst ein kleiner Wilder und als ich jetzt wieder den deutschen Boden betrat, da fühlte ich mich den gesellschaftlichen Formen ganz entfremdet . . . sah ein, daß ich alle guten Lehren und alle feine Sitte bei meinen Löwen- und Bärenjagden in Brasilien verlernt hatte und daß es wohl nöthig sein wird, meine Erziehung von Neuem zu beginnen.

    R e i m e r (wieder zu Edmund tretend).

Spaßvogel! Sie haben da unten in Bahia und Bernambuco nichts v e r l o r e n, sondern im Gegentheil ein großes Vermögen e r w o r b e n!

    E d m u n d (lächelnd).

Nun, ich mußte doch mit E t w a s zurückkommen . . . und mein Vermögen ist auch vielleicht . . . meine einzige gute Eigenschaft! (Aufstehend zu Wally.) Wird d i e s e vorläufig genügen, mich in Ihren Augen Gnade finden zu lassen?

    W a l l y (bei Seite naiv).

Ist es nicht jammerschade, daß ich den nun nicht heiraten soll!

    R e i m e r.

Also, Wally, Du hörst; die Frage war klar und deutlich!

    W a l l y.

Ja, lieber Onkel! (bei Seite.) Es m u ß sein . . . Energie!

    R e i m e r.

Ich zweifle nicht daß deine Entscheidung . . .

    W a l l y.

Einen Augenblick lieber Onkel!

    M a t h i l d e (bei Seite).

Was wird sie sagen!

    W a l l y (zu Edmund).

Mein Herr, Sie kommen soeben aus Brasilien, wie ich höre, und haben wahrscheinlich vergessen, daß man in Deutschland — unter solchen Umständen — gewöhnlich damit anfängt, sich erst näher kennen zu lernen!

    E d m u n d.

Sie waren mir nicht mehr unbekannt, mein Fräulein, und Ihr Oheim hat mir so viel Gutes, so viel Schönes gesagt . . .

    W a l l y.

Ach, mein Onkel, ist auch so ein alter Geschäftsmann und

ich glaube er betrachtet mich als einen kleinen Exportartikel, den er nicht böse wäre rasch abzuladen — — —

Reimer.
Was? weil ich voll Lobes über Dich bin — —?

Wally (schelmisch).
Ehemals haben Sie wohl auch die Waaren sehr herausgestrichen . . ., die Sie los werden wollten!

Reimer.
Hör 'mal, Du machst Bemerkungen . . .

Wally.
Uebrigens glaube ich kaum, daß Herr Feldern auf ein „veni vidi, vici," ausgegangen ist und sich einbildet ich würde schon bei der ersten Begegnung eine unbezwingbare Leidenschaft für ihn fühlen?! —

Edmund.
Gewiß nicht, mein Fräulein, aber gestatten Sie mir wenigstens zu hoffen daß mit der Zeit — — —

Reimer (wieder längs dem Kamin zu Mathilden tretend).
Und Du, Mathilde, Du sagst gar nichts? Du solltest meinen Wunsch doch unterstützen und mir beistehen Wally zur Vernunft zu bringen.

Edmund (sich leicht verneigend).
Darf ich mir Ihre Fürsprache erbitten, gnädige Frau?
(Reimer stellt sich wieder zwischen Wally und Edmund.)

Mathilde
Das kann ich Ihnen nicht versprechen, Herr Feldern; denn in Heiratsangelegenheiten sich zu mischen, ist eine sehr delikate Sache.

Wally (aufstehend).
Und würde überdieß nichts an meinem Entschlusse ändern. (Reimer nähert sich erschrocken Wally.) Ich bedauere, Herr Feldern Ihren Antrag, so schmeichelhaft er auch für mich ist, nicht annehmen zu können. (Sie geht vor Edmund vorüber, nach dem Vordergrund links.)

Reimer (starr).
Eine Zurückweisung?

Edmund (bei Seite einen Blick auf Mathilde werfend).
Auf Commando?!

Mathilde (bei Seite).
Gottlob — sie hat Wort gehalten!

Reimer (streng).

Wally, wie soll ich Dein Betragen mir erklären? Vor einer halben Stunde, als ich Dir Edmund's Bewerbung mittheilte, willigtest Du mit Freuden in dieselbe — — —

Wally (bei Seite).

Da haben wir's.

Reimer.

Woher diese plötzliche und mir unerklärliche Aenderung Deiner Ansichten?

Edmund (bei Seite).

Ich glaube es zu errathen!

Wally.

Du lieber Himmel, Onkelchen, ... ich wußte nicht, daß Herr Feldern bis jetzt ... unter den Wilden gelebt hat ... und da fürcht' ich mich!

Reimer.

Das kann doch kein vernünftiger Grund sein?

Wally.

Ob vernünftig oder nicht ... mein Entschluß steht fest und keine weitere Einwendung wird ihn wankend machen.

Reimer (losbrechend).

Was? So ein rücksichtsloses Betragen mir gegenüber? — Geh', Du bist eine Undankbare!

Wally.

Onkel!

Reimer.

Ja, eine Undankbare, und seit langer Zeit gibst Du mir täglich den Beweis davon, indem Du nur Unfrieden in meinem Hause stiftest! Ich nahm Dich oft in Schutz gegen Mathilde, wenn sie über Dein störrisches Betragen empört war, aber jetzt begreife ich ihren Haß gegen Dich! (geht zu Mathilden).

Mathilde.

Meinen Haß? ... Du übertreibst!

Reimer.

Hast Du mir's nicht hundertmal gesagt! (setzt sich ärgerlich auf's Sopha).

Edmund (vorkommend).

Ich bedaure die ... unschuldige Ursache so ernster Zwi=

stigkeiten zu sein... aber es gibt Zeichen, die nicht trügen, und ich, der ich ziemlich abergläubig bin, ich hätte das plötzliche Unwohlsein Ihrer Frau Gemalin, bei meinem Eintritte in Ihr Haus, als schlimme Vorbedeutung ansehen sollen, als warnende Stimme, die mir zurief: „Geh nicht weiter... Du gelangst hier nicht zum Ziele!"

Reimer (ärgerlich).

Lieber Freund... das sind Kindereien...

Mathilde.

Ich bin ganz der Meinung des Herrn Feldern... man thut oft am Besten, einer ersten Eingebung zu folgen! (geht wieder an den Spiegel und richtet ihren Haarputz).

Reimer (bei Seite).

Sie auch? (steht auf).

Edmund.

Die gnädige Frau und ich... wir verstehen uns! und ich glaube das Beste, was ich thun kann, ist... wieder nach Brasilien zurückzukehren! (Er geht in den Vordergrund links).

Wally (halb träumerisch).

Und ich... wieder in mein Dörfchen!

Reimer.

Nein, Fräulein Eigensinn! Ich bin Dein Vormund... und ich allein habe über Dich zu verfügen! In meinem Hause bleibst Du aber nicht länger... (Bewegung Wally's.) Du sollst in strengere Zucht... Heute noch übergebe ich Dich meiner Schwester!

Wally (erschrickt).

Tante Therese? Onkel!

Mathilde (bei Seite).

Armes Kind... und ich bin daran Schuld!

Reimer.

Packe Deine Sachen zusammen... und von nun an kenne ich Dich nicht mehr!

Wally (mit verstellter Trauer).

Ach!! — — — (nach kurzer Pause, schelmisch.) Willst Du mir einen Abschiedskuß geben?

Reimer (mit seiner natürlichen Gutmüthigkeit kämpfend).

Nein... später vielleicht... (gedehnt, mit Beziehung auf

Edmund) wenn Du geneigter sein wirst, mir zu folgen! (Er dreht ihr den Rücken und bleibt, gegen das Publicum gewendet, stehen.)
Wally (bei Seite).
Ach!... wenn ich nur könnte!
Reimer.
Aber heute war Dein Betragen so... empörend...
Wally (bei Seite, seinen Entschluß fassend).
Einerlei! — (Läuft an die Mittelthür und dreht sich dort um.) Ohne Groll, Onkelchen!
Reimer (rasch).
Was?!
Wally.
Ohne Groll... allerseits! (Durch die Mitte ab.)
Edmund (bei Seite).
Ich werde Sie wiedersehen! — (Grüßt und folgt Wally, Mathilde tritt schwermüthig an's Fenster, Reimer wirft sich wüthend in den Fauteuil rechts vorne und streckt die Füße auf das Camingitter).

Der Vorhang fällt.

Ende des ersten Aktes.

Zweiter Akt.

(Zimmer bei Frau Müllner, jedoch etwas einfacher möblirt wie jenes bei Reimer. Links erste Coulisse ein runder Tisch mit drei Stühlen. Zweite Coulisse ein großer Kleiderschrank, daneben ein Tisch. — Rechts erste Coulisse eine kleine, elegante Commode; über derselben ein Spiegel. Zweite Coulisse ein Piano, auf demselben Armleuchter mit Kerzen. Nicht weit vom Piano ein ovaler, mit einem bunten, bis auf den Boden herabreichenden Teppich bedeckter Tisch; rechts von demselben ein Stuhl, links ein Fauteuil. Dritte Coulisse: eine kleine Tapetenthür. In der Mitte des Hintergrundes ein Balcon mit Glasthüren, welche sich nach außen öffnen und die Aussicht auf die Wipfel der Bäume gewähren. Rechts und links vom Balcon je ein kleines Sopha. In den beiden Ecken des Hintergrundes schräge Seitenthüren. Auf den Sopha's, Fauteuil's und Stühlen kleine weiße Schutzdeckchen. Das Ganze muß den Eindruck größter Ordnung und Reinlichkeit ohne jedweden Luxus machen.)

Erste Szene.

Wally (einfacher als im erster Akt gekleidet).

(Beim Aufziehen des Vorhanges sitzt sie auf dem Fauteuil am Tische rechts und säumt eine Serviette. Auf dem Tische steht ein Arbeits= körbchen und ein Päckchen neuer, noch ungesäumter Servietten.)

Wally.

Die eine Serviette wird bald fertig sein, es bleiben mir also nur mehr 23 zu säumen! ... Seit den acht Tagen, die ich hier im Staatsgefängnisse bei der Brummtante bin, habe ich schon zehn Strafen bekommen ... und heute bin ich schon wie= der im Arrest! Dreimal weil ich die Thür zu heftig zuschlug, fünfmal weil ich widersprochen habe, gestern weil ich ohne Per=

miſſion zum Fenſter hinausſah, und heute ... weil ich geſungen
habe! „Wie, unverbeſſerliches Mädchen, Du erlaubſt Dir
ohne Erlaubniß zu ſingen? Aus Strafe wirſt Du zwei Dutzend
Servietten einſäumen!"... Und ich ſäume ... während die
Andern bei Clärchen's Prüfung ſind! Aber das hindert mich
doch nicht zu ſingen!

(ſingt:) Blühe Blümlein auf der Haiden,
Blühe Röslein an der Bruſt,
Mag die Blumen gerne leiden,
Hab' an Blumen meine Luſt.

(ſteht auf und kommt nähend und ſingend vor:)

Und kommt einſt die frohe Stunde,
Daß es ſich im Herzen regt,
Geb' ein Röslein ihm die Kunde,
Daß mein Herz für ihn nur ſchlägt!

(Sie bleibt plötzlich, über ihre Gedanken erſchreckend, ſtehen, denkt einen
Augenblick nach und ſagt dann naiv:) Ich kann mich doch ein Bis=
chen zerſtreuen ...? (Geht nähend im Vordergrunde auf und ab.)
Um ſo mehr, als meine neue Behauſung ohnehin nicht ſehr luſtig
iſt!... Und Herr Edmund, aus dem die Brummtante jetzt
zwangsweiſe ihren Schwiegerſohn machen will, kommt auch täg=
lich ... nicht daß mir das unangenehm wäre, aber aufrichtig
geſagt, das iſt ein ſchlechtes Mittel, um ihn mir aus ... dem
Gedächtniß zu bringen! (Schreit leicht auf.) Ach!... ich habe
mich geſtochen!... Die Brummtante würde das eine gerechte
Strafe des Himmels nennen!... aber leider iſt Mathilde noch
ſchwerer geſtraft als ich ... und das neue Heiratsproject bringt
ſie wieder in die alte Gefahr ... ich habe mich eigentlich ganz
umſonſt geopfert ... ach! — (Die Seitenthür links öffnet ſich.) Ah!
feierliche Rückkehr von der Prüfung!

Zweite Szene.

Wally, Frau Müllner, Madame Pariſer, Clärchen,
Mathilde und Reimer (alle feſtlich gekleidet, von links).

(Frau Müllner trägt einen Prämiantenkranz von Roſen in der Hand,
Clärchen hat einige andere Kränze am Arm und drei Prämienbücher
mit bunten Deckeln und Goldſchnitt in der Hand; ſie trägt ein ge=

schlossenes (hohes) weißes Kleid, breite Achselträger von rosa oder blauem Seidenband, das sich vorne kreuzt und rückwärts an der Taille in großen, langen Schleifen endigt. Mutter und Tochter sind freudestrahlend; Madame Pariser ist in höchst feierlicher Stimmung, Mathilde ist zerstreut und Reimer sieht sehr gelangweilt aus.)

Reimer (zuerst eintretend).

Triumph! Triumph! (Bei Seite) und schrecklich viel Langweile.

Wally (zu Clärchen).

Ach, welch ein Glück! Du bist ja ganz beladen mit Schätzen und Auszeichnungen! Empfange meine Huldigungen, Clärchen. (Um für die Kränze und Bücher Platz zu machen, welche Clärchen auf den Tisch rechts legt, nimmt Wally rasch Servietten ꝛc. und legt sie auf die Commode, nur die Serviette, an welcher sie eben nähte, bleibt auf dem Tische neben dem Arbeitskörbchen liegen.)

Clärchen.

Die bringst Du besser bei Madame Pariser an (deutet auf dieselbe), meiner würdigen Pensionsvorsteherin, der ich meine Kenntnisse und Auszeichnungen allein verdanke!

Mad. Pariser (immer sehr steif und aufgeblasen).

Sie verdanken sie Ihrem Fleiße und Ihren natürlichen Anlagen, mein Kind.

Frau Müllner.

Ja, das ist wahr, meine Tochter ist von der Natur sehr begabt!

Mad. Pariser.

Ich stelle sie auch allenthalben als Muster auf. Es ist freilich kein Wunder... wenn man aus solcher Familie stammt! (Sie blickt, sich halb vorbeugend, auf Frau Müllner, Mathilden und Reimer. Mathilde setzt sich nachdenklich an den Tisch links.)

Reimer (zu Wally).

Sie hat sechs Prämien bekommen! Ein halbes Dutzend! (An den Fingern herzählend.) Prämium für's Clavierspielen, Prämium für's Tanzen, Prämium für's Singen...

Wally (lächelnd, leise).

Ich habe für's Singen eine Strafe bekommen!

Reimer (rasch, leise).

Schweig still! (Laut.) Prämium für Aquarellmalerei; Prämium für Gymnastik.

Fr. Müllner.
Uns das werthvollste von Allen, dasjenige, das ein Mutterherz am meisten erfreut: Prämium für gute Sitten! (Sie zeigt stolz den Kranz von Rosen und setzt ihn Clärchen auf's Haupt.)
Mad. Pariser.
Und da sie ihn erhielt, so hat sie ihn auch verdient, denn bei mir gibt es keine Parteilichkeit, keine Bevorzugung... (Bei Seite.) Zwar, wenn die Mutter mir kein so generöses Geschenk gemacht hätte...
Wally.
Also nochmals meine herzlichsten Glückwünsche, Clärchen! — Prämium für Piano, Tanzen, Gymnastik...! Du bist wohl auch sehr fest in der Orthographie?
Clärchen.
Na, das ist gerade nicht meine stärkste Seite.
Wally (ohne Ironie).
Und im Nähen?
Mad. Pariser (stolz).
Mademoiselle, Derartiges wird in meinem Institute nicht gelehrt.
Fr. Müllner (zu Wally tretend).
Apropos, nähen! Wie weit bist Du mit der Aufgabe, die ich Dir gegeben?
Wally (naiv).
Bei der ersten Serviette.
Fr. Müller.
Was? noch bei der ersten?
Wally.
Nun, da es eine Strafe ist... je länger sie währt, desto nützlicher wird sie mir sein! (Setzt sich links und näht wieder).
Fr. Müllner (streng).
Du wirst um ein Dutzend mehr säumen.
(Mad. Pariser, welche ebenfalls an dem Tische links steht, nickt Frau Müllner beistimmend zu.)
Reimer (zu Wally tretend).
Schön! Also noch eine Strafe! Recht hübsch!
Fr. Müllner.
Schämen sollte sie sich,... heute... in Gegenwart der Triumphe ihrer Cousine...

Reimer.
Und wo Du doch eine ebenso gute Erziehung erhalten haft, wie sie...

Mad. Parifer (aufgeblasen).
Oh! — eine ebenso gute....

Reimer.
Gewiß; sie ist die Schülerin meiner Gattin, deren Tugenden und sonstige trefflichen Eigenschaften sie sich zum Vorbild nehmen sollte! (Setzt sich an den Tisch links, Mathilden gegenüber.)

Wally (vorkommend bei Seite).
Armer Onkel!

Fr. Müllner (bei Seite).
Ist der Mensch dumm!

Wally.
Lieber Onkel, haben Sie nur noch ein Bischen Geduld; Sie gaben mich in die Correctionsanstalt zu Tante Müllner, damit ich mit der Zeit alle meine Sünden abbüße...

Fr. Müllner (wüthend).
Mädchen, wenn Du nicht stille bist....

Clärchen (den Kranz abnehmend).
Mama,... laß mich heute Wally's Fürsprecherin sein ..

Fr. Müllner.
Fräulein Clärchen, wenn auch Deine Schulprüfung gut ausgefallen ist, so berechtigt Dich das noch nicht, ohne Erlaubniß hier zu sprechen.

Clärchen.
Ich dächte doch, heute, wo Du mit mir so zufrieden bist...

Wally (drollig).
Clärchen hat recht, Tante; heute, wo Du mit i h r so zufrieden bist, kannst Du mit mir schon ein wenig unzufrieden sein, ohne daß das Gleichgewicht verloren geht!

Fr. Müllner (wüthend zu Reimer).
Hörst Du?!

Reimer.
Das Mädchen ist unverbesserlich!

Mad. Parifer (zu Reimer tretend).
Wer weiß, Herr Reimer? Und wenn Sie sie mir anvertrauen wollten, sie würde in zwei, drei Jahren — —

Reimer (einfallend).
Auch bei Ihnen das Unterste zu Oberst kehren!
Mad. Pariser (mit bitter=süßem Lächeln zu Wally).
Das fürcht' ich nicht! Ich habe schon ganz Andere gezähmt! He? kleiner Eisenkopf? (Zum Publikum mit Selbstbewußtsein.) Mein Institut ist allbekannt! Das Wohl des Leibes wird bei mir ebenso gepflegt wie das des Geistes! Strenge Disciplin... unausgesetzte Beaufsichtigung... keine Ueberanstrengung... zweckentsprechende Hausordnung... gute und reichliche Beköstigung...! (Sie nähert sich wieder Reimer.)

Clärchen (leise zu Wally).
Täglich hartes Fleisch und trockenes Gemüse!

Mad. Pariser.
Sehen Sie, was ich aus Clärchen gemacht habe! Und ich bin stolz darauf... ich werde sie sehr vermissen! (Weinerlich.) Es wird mir sehr schwer, mich von einer so vorzüglichen Schülerin zu trennen.... (Umarmt Clärchen.)

Wally (bei Seite).
Die verdient sich ihr heutiges Mittagessen sauer!

Mad. Pariser (wieder zu Frau Müllner gehend).
Wenn Sie mir Ihr Töchterchen noch ein, zwei Jährchen, lassen wollten...

Fr. Müllner.
Unmöglich, liebe Madame Pariser... meine Tochter hat jetzt einer andern Bestimmung zu folgen....ich gedenke sie zu verheiraten!

Reimer (aufstehend).
Also wird es Ernst?

Fr. Müllner (trocken).
Ja wohl.... es ist fast so gut wie abgemacht!

Mathilde (ängstlich bei Seite).
Himmel!

Wally (welche allein Mathilde beobachtet und deren Aufregung merkt, wieder nähend).
Nun, zum Glück, ist diese Heirat noch nicht geschlossen... und wenn Clärchen meinem Rathe folgt...

Fr. Müllner (verächtlich).
Deinem Rathe?

Wally (fortfahrend).
Einen schönen Gatten geben Sie ihr da! ... Einen Mann, den ich abgewiesen habe!
Fr. Müllner.
Das war ein Glück für ihn!
Wally (ihre Arbeit unterbrechend).
Und vielleicht wäre es auch ein Glück für Clärchen, wenn sie meinem Beispiele folgte.
Fr. Müllner (drohend).
Wally!
Clärchen.
Ich bitte Dich, Wally ...
Wally (Frau Müllner nachahmend).
Fräulein Clärchen, wenn auch Deine Schulprüfung gut ausgefallen ist, so berechtigt Dich das noch nicht, ohne Erlaubniß hier zu sprechen!
Fr. Müllner (außer sich).
Ah!! — — (wendet sich entrüstet gegen die Uebrigen, welche mit Ausnahme Mathildens, sich ein wenig nach rückwärts gezogen hatten und ebenfalls entsetzt sind über die Kühnheit Wally's.) Gott straf mich — — sie verhöhnt mich! —
Reimer.
Diese Ungezogenheit ...
Fr. Müllner.
Nun hat meine Geduld ein Ende, und da die Güte bei Dir nichts hilft, wollen wir's mit der Strenge versuchen! Du wirst heute nicht bei Tische speisen, sondern hier — — allein!
Wally.
Allein?
Fr. Müllner.
Und schläfst heute nicht im Kabinet neben meinem Zimmer — — das verdienst Du nicht mehr ... sondern hier, auf dem Sopha!
Mathilde (welche dieser ganzen Scene mit peinlicher Erregung zuhörte, aufstehend).
Aber, Frau Schwägerin, das ist zu hart. —
Reimer (zu Mathilde tretend).
Nein, nein, Mathilde, Dein Herz ist zu weich!
(Eine Magd öffnet die rechte Seitenthür.)

Wally (aufstehend und nach derselben deutend).
Das Festmal ist eben bereit! Es ist ohnehin schon spät geworden, da die Prüfung so lange gedauert hat! Bitte sich nicht länger stören zu lassen!
Fr. Müllner.
Ja, gehen wir, denn ich bin außer mir!
Reimer.
Und ich erst!
Fr. Müllner (nimmt den Kranz aus Clärchen's Händen und sagt mit einem bissigen Blick auf Wally, stolz).
Mein Kind, Du wirst heute bei Tische diesen Kranz aufbehalten.
Alle (mit Ausnahme von Mathilde und Wally, welche spöttisch, verstohlen lächeln, zunickend).
Ganz in der Ordnung!
(Alle gehen nach und nach rechts ab.)
Wally (zu Reimer, welcher zuletzt abgehen will).
Onkelchen! (Reimer wendet sich an der Thüre um; Wally knixt schelmisch.) Guten Appetit!
Reimer.
Du hast kein Herz! (Ab.)

Dritte Szene.
Wally.

Wally (allein, sinnend).
Kein Herz?! (Nach kurzer Pause lustig.) Ist die Welt komisch und wie trügerisch ist vieles was man so hört und sieht. (Ernst.) Wenn man alt geworden ist, muß man sie wohl recht hassen! — (Wieder heiter.) Aber Gott sei Dank, ich bin noch nicht so weit! (Geht an den Tisch rechts und besieht die Bücher Clärchens.) Clärchen hat da schon einen ganz hübschen Bibliothekfond! (Nimmt ein Buch und liest das Titelblatt.) „Paul und Virgine." (Lächelnd.) Eine Liebesgeschichte! (Wiederholt dasselbe Spiel mit einem andern Buche.) „Telemach." Wieder eine Liebesgeschichte! (Sie nimmt die Bücher und Kränze und trägt sie nach dem Tischchen neben dem Kleiderschrank, im Gehen die ersten Zeilen des „Tele=

mach" lesend.) „Calypso konnte sich nicht trösten über die Abreise Ulysses..." (Schelmisch.) Was sie aber nicht hinderte sich in Telemach zu verlieben, der seinerseits wieder in die schöne Nymphe Eucharis verliebt ist...! (Hat während dem Bücher und Kränze auf das Tischchen gelegt und kommt in den Vordergrund.) Man ist sehr moralisch in dem Mädchen-Institut!! —

Vierte Szene.

Wally, Reimer (von rechts).

Reimer (den Strengen spielend).

Wally, da hast Du dein Mittagessen! (er bringt ein großes Stück Brod und eine Flasche Wasser, auf welche ein leeres Glas gestülpt ist, und gibt Beides auf den Tisch rechts.) Wasser und Brod!!

Wally.

Was?!

Reimer.

Sonst nichts! Meine Schwester ist wüthend;... sie behauptet nur die härtesten Strafen könnten hier eine Besserung erzielen... und obwohl ich im Prinzip ihr ganz beipflichte, kann ich mich doch mit einer solchen Diät nicht einverstanden erklären,... deßhalb bestand ich darauf Dir das selbst zu bringen... (im natürlichen Tone) und ging rasch in die Küche um ein Bischen Obst und Kuchen beizufügen! (er zieht aus seinen verschiedenen Rocktaschen Obst und Kuchen, von dem Einiges in Papier gewickelt ist).

Wally.

Onkel, das hast Du für mich gethan?

Reimer (wieder streng).

Mathilde wollte es durchaus, denn ich... ich bin auch wüthend!... (wieder gutmüthig halblaut.) Ich habe auch ein Fläschchen Wein gestohlen. (Zieht dasselbe aus der Rocktasche und stellt es ebenfalls auf den Tisch.)

Wally.

Auch Wein?! Ach, bist Du gut, Onkelchen!

Reimer.

Ich wollte Dir auch ein Stückchen Braten beingen, aber der steckt noch am Spieß... da konnt' ich nichts erwischen!

Wally.
Siehst Du, Onkelchen, daß Du mich lieber hast, als Du gestehen willst. **Reimer** (wieder strenge).
O nein... durchaus nicht... im Gegentheil... ich bin sehr unzufrieden mit Dir! (sich vergessend.) Wirst Du von dem kalten Zeug denn satt werden?
Wally.
Ohne Sorge, Onkelchen, mein Magen ist nicht so heikel! Aber **D u geh**, laß nicht länger auf Dich warten, sonst setzen sie Dich auch: „zu Wasser und Brod!"
Reimer.
Spitzbübin! (Er will sie umarmen, besinnt sich jedoch.) Nein ... keine Schwäche!
Wally.
Ach was! Die Brummtante sieht es ja nicht!
Reimer.
Ist auch wahr! (er küßt sie.) Aber daß du ihr nichts sagst!
Wally.
Gott bewahre! (Zum Publikum.) Gutes, altes Huus!
Reimer (ist unterdeß an die rechte Seitenthür gegangen, öffnet dieselbe und sagt laut und strenge um von Frau Müllner gehört zu werden).
Es bleibt dabei... ich bin **sehr unzufrieden** mit Dir! — (ab).

Fünfte Szene.
Wally dann Edmund.
Wally.
Diese Tante Müllner... fangt an mir fürchterlich zu werden! Mich wie ein kleines Kind zu behandeln. Wasser und Brod! Sie geht zu weit! Ich werde revoltiren und gleich wieder auf der äußersten Linken sein! Wenn ich das Loos, das sie mir hier bereitet, mit jenem vergleiche, das ich vor acht Tagen ausschlug...! — Glück und Freiheit... **m i t i h m**! Ah! Mathilde, Deine Ruhe kostet **m i c h v i e l**!... Aber... er denkt wohl gar nicht mehr an mich! — Machen wir's ebenso... und geh'n wir essen! Ich habe Hunger! (setzt sich an den Tisch rechts.)

Edmund (im Jagdanzug, mit Flinte und einer wohlgefüllten Jagdtasche, tritt durch die linke Seitenthür ein).

Ei, Fräulein Wally, Sie hier?

Wally (erregt bei Seite).

Er!! (steht auf).

Edmund.

Ich kehre eben von der Jagd zurück, und bringe im Vorbeigehen Frau Müllner das Resultat meiner Streifereien durch Wald und Feld!

Wally.

Sie machen sich ja fast zu ihrem täglichen Gratis-Lieferanten. Ihre gestrige Provision wird eben drinnen verzehrt.

Edmund.

Warum speisen Sie denn nicht mit den Andern?

Wally (zögernd).

Weil ich . . . (schelmisch) Strafe habe?

Edmund.

Was? Strafe? Sie?

Wally.

Ja, bei Wasser und Brot . . . und hätte nicht Onkelchen mir einige Extra's auf unerlaubtem Wege verschafft . . .

Edmund.

Wasser und Brod — Sie? Und die schönen Repphühner die ich gestern eigends für Sie brachte?

Wally.

O — — für mich?!

Edmund.

Gewiß!

Wally.

Nun . . . dann thut es mir doppelt leid, darauf verzichten zu müssen. Aber Sie sind nicht zu gleicher Entsagung verurtheilt . . . man hat sich eben erst zu Tische gesetzt und Brummtantchen . . . (knixend) Tante Müllner, wollt' ich sagen, wird gewiß sehr erfreut sein, Sie als Tischgenossen zu besitzen . . . selbst in Ihrem Jagdanzuge . . . (bei Seite) der ihn übrigens ganz gut kleidet!

Edmund (heiter).

Gott bewahre; statt mit Brummtantchen . . . Tante Müllner wollt' ich sagen, Repphühner zu essen, zöge ich es vor, das

Stückchen Brod mit Ihnen theilen zu dürfen... Wenn Sie mir gestatten wollten mich selbst hiezu einzuladen!
Wally.
Wasser und Brod wollen Sie?
Edmund (verliebt).
In Ihrer liebenswürdigen Gesellschaft!
Wally (ohne darauf zu achten).
Nun — wenn Ihnen die schmale Kost Vergnügen macht... (sie bricht das Stück Brod entzwei und gibt ihm die Hälfte).
Edmund.
Danke — und jetzt wollen wir zusammen diniren!
Wally (immer ungezwungen und fröhlich).
Ja wohl! Die Brummtante soll grün und gelb vor Aerger werden! Wir Zwei wollen uns hier viel besser unterhalten, als die ganze hohe Gesellschaft da drinnen! Kommen Sie, Herr Edmund, rasch den Tisch gedeckt! Da habe ich gerade „feines Linnen" das ich selbst gesäumt habe! (sie nimmt die Serviette und deckt sie auf den Tisch links vorne).
Edmund.
Reizend! Ich werde Ihnen helfen! (er legt sein Stück Brod auf die Mitte des Tisches).
Wally (nimmt ihre Hälfte Brod vom Tische rechts und legt sie zu jener Edmunds). Das arme Sünder-Brod in die Mitte!
Edmund.
Wasserflasche und Glas! (holt Beides und stellt es ebenfalls auf den Tisch links).
Wally (die Weinflasche hochhaltend, mit komischer Grandezza).
Und Wein...! wenn Sie erlauben! Und Obst! und Kuchen! (Hat Alles vom Tische rechts genommen und trägt es nach jenem links.)
Edmund (lachend).
Ah wenn Sie so verschwenderisch sind...!
Wally (mit erheuchelter Wichtigkeit).
Ja, ich habe selten Gäste bei Tische... aber wenn ich einmal anfange zu traktiren...! (Entfernt das Papier von Obst und Kuchen.)
Edmund.
Hahaha!... Fehlt sonst noch etwas?

Wally.
Richtig... wir haben kein Messer!

Edmund.
Hier! (Zieht ein großes Jagdmesser hervor und legt es auf den Tisch.)

Wally.
Hilfe...! Ein Säbel!

Edmund.
Aber es ist nur ein Glas da!

Wally.
Eigentlich brauchten wir zwei!

Edmund.
Thut nichts — ich werde zuletzt trinken.

Wally.
Haben Sie denn nicht einen kleinen Jagdbecher?

Edmund.
Natürlich! (Zieht ein ledernes Trinkschiffchen aus der Rocktasche.) Hier ist der zweite Pokal! (Stellt es vor sich auf den Tisch.)

Wally.
Bravo! Da können wir bei Toasten die „Becher" klirren lassen!... Haha! es wird immer lustiger! (Beide entfernen sich vom Tische.)

Edmund.
So! Jetzt ist der Tisch gedeckt! (Sehr ceremoniell Wally den Arm reichend.) Mein gnädiges Fräulein, darf ich es wagen?

Wally (die große Dame affektirend).
Sie sind sehr freundlich, mein Herr!... (Edmund führt Wally zu Tische, dort machen sie sich gegenseitig eine tiefe Verbeugung; Edmund setzt sich der Coulisse zunächst, Wally ihm gegenüber; sobald sie sitzen und das frugale Mal einen Augenblick betrachtet haben, lachen Beide laut auf.)

Edmund.
Welch' ein köstliches Mal! (Sie beginnen zu essen und zu trinken, während der Dialog ununterbrochen fortgeht.)

Wally (harmlos).
Sie wissen gar nicht, was Sie verlieren... da drinnen hätte man Sie neben meine Cousine Clärchen gesetzt...!

Edmund.
Glauben Sie denn, daß ich Clärchen halber... so oft hieher komme?
Wally.
Ei, Brummtantchen glaubt, Sie wollten Sie heiraten
Edmund.
Dieser Aberglaube ist mein Glück, er ist der Schlüssel, welcher mir die Pforten dieses Hauses öffnet... sonst könnte ich Sie ja nicht täglich sehen.
Wally (stutzt).
Mich?
Edmund.
Sie, Wally, ja... denn nur Sie allein liebe ich!
Wally (ihn freudig aber ruhig anblickend).
Sie... lieben mich?
Edmund.
Seit dem Augenblicke, da ich Sie zum ersten Male sah.
Wally (wie oben).
Trotz meiner... abweisenden Antwort?
Edmund.
Vielleicht gerade wegen dieser! Ich erwartete ein kleines geziertes Fräulein zu finden, das auf Commando erröthet und die Augen niederschlägt, drei verschiedene Sprachen produziren und mir gleich in der ersten Viertelstunde ein Clavier-Concert mit Variationen an den Kopf schleudern wird...! Nichts von alledem! — Ich fand ein reizendes, junges Mädchen, ein Bischen hochmüthig, ein Bischen schelmisch... ich trug meinen Korb ruhig nach Hause... (mit losbrechender Glut.) Aber ich schwur mir's, bei allem Zauber, den Sie über mich besitzen, die Partie doch noch zu gewinnen!
Wally (nach ganz kurzer Pause, lächelnd).
Welches Feuer! (Nimmt die Wasserflasche.) Rasch, frisches Wasser, Herr Tischgenosse,.... um Sie ein wenig abzukühlen! (Edmund hält lächelnd sein Trinkschiffchen hin; Wally gießt Wasser ein.)
Edmund.
Tausend Dank, göttliche Hebe!

Wally (stellt erschrocken die Wasserflasche auf den Tisch).
Um Gotteswillen! wenn meine moralische Brummtante Sie hörte!
Edmund (sein Trinkschiffchen ergreifend).
Stoßen wir an!
Wally (nimmt ihr Glas).
Gerne!
Edmund.
Ein Pereat der Brummtante!
Wally.
Mit Wonne! (Sie stoßen an und trinken.)
Edmund.
Oh, diese Frau...! diese Frau...! Seitdem ich sehe, wie schändlich sie Sie behandelt... Wahrhaftig, Fräulein Wally, ich leide mehr dabei als Sie!
Wally (gefühlvoll, bei Seite).
Er liebt mich! —
Edmund.
Denn man erniedrigt Sie... man verfolgt Sie förmlich...
Wally (will, immer verlegener, dem Gespräche eine andere Wendung geben).
Ein wenig Kuchen? (Gibt ihm ein Stück.)
Edmund.
Diese Tyrannei geht zu weit;... ein Mädchen wie Sie, braucht dieselbe nicht zu dulden!
Wally.
Ich muß es doch! Das einzige Mittel, mich aus derselben zu befreien, wäre eine Heirat gewesen... ich weigerte mich...
Edmund.
Diese Weigerung kam nicht von Ihnen!
Wally (erschrickt).
Wie?... Ein Pfirsich! (Gibt ihm einen).
Edmund.
Ich habe Mathilden's Einfluß wohl errathen...
Wally (immer ängstlicher).
Oder diese Trauben... (legt sie vor Edmund hin).

Edmund (ihre Hand festhaltend).

Sie hindert Sie, jetzt meine Gattin zu werden... ja aber sie kann Ihnen nicht verbieten, mich zu lieben!

Wally.

Sie zu lieben?

Edmund (immer inniger).

Ja...! Bei Gott, Wally, Sie finden kein treueres, ergebeneres Herz, als das meinige! Vertrauen Sie mir... und fern von diesem Hause... (Wally entzieht ihm ihre Hand), befreit von diesen Qualen und Demüthigungen, sollen Sie die Glücklichste Ihres Geschlechtes werden...!

Wally (bei Seite).

Was wagt er mir zu sagen?

Edmund.

Bald werden wir Ihre herzlose Familie gezwungen haben, Ihnen die freie Verfügung über Ihre Hand zu gestatten, und dann...

Wally (aufspringend).

Kein Wort weiter, Herr Feldner!

Edmund.

Wally!

Wally (stolz).

Eine Entführung?

Edmund.

Vertrauen Sie meiner Ehre, meiner Liebe...!

Wally.

Genug, mein Herr! (Stolz nach rechts deutend.) Sie haben mich ausgestoßen aus dem Kreise, in dem Sie heute ein **Prämium für gute Sitten** feiern... gleichviel, ich weiß dennoch, was ich mir selbst schuldig bin! — —

Sechste Szene.

Vorige. **Frau Müllner** (von rechts).

Frau Müllner (ohne Edmund zu sehen).

Nun zu uns zwei, Mamsell Wally!

Edmund (stellt sich rasch vor den Tisch, um denselben zu verstecken, bei Seite).
Die Tante!
Wally (wickelt rasch Alles, was auf dem Tische ist, in die Serviette und schleicht damit nach dem Tischchen neben dem Kleiderschrank, wo sie es versteckt; der Dialog geht unterdessen fort).
Frau Müllner (Edmund erblickend).
Ei, Herr Feldern!
Edmund.
Ich komme soeben, gnädige Frau.
Frau Müllner.
Wesholb so spät? Meine Gäste sind bereits fortgegangen... Warum kamen Sie nicht zum Speisen?
Edmund (lächelnd).
Ich war... anderswo geladen!
Frau Müllner.
Einerlei..! (Barsch zu Wally.) Wally hätte immerhin so vernünftig sein können, mich von Ihrer Ankunft zu benachrichtigen.
Edmund.
Verzeihung, gnädige Frau, ich widersetzte mich dem liebenswürdigen Anerbieten des Fräuleins... ich kam nur auf einen Augenblick, um Ihnen mein heutiges Jagdergebniß zu Füßen zu legen. (Er holt seine Jagdtasche, legt sie auf einen Stuhl links vorne und überreicht nach und nach den Inhalt derselben Frau Müllner.)
Frau Müllner (sich zierend).
Schon wieder!
Edmund.
Ein Perlhuhn...
Frau Müllner.
Wie aufmerksam! Schade, daß Clärchen nicht ihren Dank mit dem meinigen vereinen kann...
Edmund.
Eine Wachtel!
Frau Müllner.
Aber die arme Kleine ist so ermüdet von der Aufregung des heutigen Tages...

Edmund.
Ein Haase...
Frau Müllner.
Denken Sie sich, sie hat sechs Preise bekommen!
Edmund.
Und eine Wildente!

Frau Müllner (welche schwer beladen, etwas unbeholfen dasteht).
Sechs Preise... darunter auch den für g u t e S i t t e n !
(Durch die offene Balconthür gewahrt man den Beginn der Abend=
röthe; es wird nach nach ganz dunkel auf der Bühne, Wally zündet die
Lichter am Piano an.)
Edmund.
Seien Sie stolz darauf, gnädige Frau, und sobald ich das
Vergnügen haben werde, Fräulein Clärchen zu sehen...
Frau Müllner.
Morgen, lieber Edmund, morgen... es wird schon spät...
und meine Tochter wollte sich durchaus bereits zur Ruhe
begeben... (Mit Emphase.) Glückliches Alter, in welchem noch
nichts den Schlummer der Unschuld stört!
W a l l y (bei Seite).
D i e gibt sich Mühe, (lächelnd) und er heiratet sie doch nicht!
Frau Müllner (gibt Wally Alles was sie in der Hand hält,
barsch).
Wally..! trage das Alles nach der Küche! — Und dann
wirst Du dem Mädchen helfen den Tisch drinnen abzuräumen.
Edmund.
Diese Mühe — —
Frau Müllner (kurz).
Wird ihr sehr wohlthätig sein!
W a l l y (ironisch).
Um Herz und Geist zu bilden!
Edmund (leise zu Wally).
Aber dieses Haus ist ja eine Galeere!
W a l l y.
Na, ob! (Rechts ab.)

4 *

Siebente Szene.

Frau Müllner, Edmund.

Frau Müllner (setzt sich links vorne und weist Edmund ebenfalls einen Stuhl an).

Mein werther Herr Feldern, ihre regelmäßigen Besuche sind mir zwar sehr angenehm, — — allein das empfängliche Herz meiner Tochter — — die Welt — — ich glaube Ihre red= lichen Absichten errathen zu haben und bin nicht abgeneigt, Clärchen so bald als möglich zu verheiraten — — um sie dem gefährlichen Treiben Wally's zu entziehen.

Edmund.
Dem gefährlichen Treiben — — ?

Frau Müllner.
Dieses Mädchen ist ein Satan!

Edmund (aufstehend, ernst).
Wally — — ein Satan?

Frau Müllner.
Von der schlimmsten Sorte!

Edmund (lächelnd).
Ich habe noch nichts Diabolisches an ihr bemerkt!

Frau Müllner.
Sie kennen sie nicht! — — Aber ich habe sie sogar in einem Verdacht, der — —

Edmund.
In welchem Verdacht?

Frau Müllner.
Mir fehlt zwar noch die Gewißheit, allein — — der Gärt= ner hat mir gemeldet, daß er seit einigen Tagen im Sande Spuren von Männertritten findet — —

Edmund (etwas ungeduldig werdend).
Es werden wohl seine eigenen sein.

Frau Müllner.
Durchaus nicht. Er ist überzeugt, daß sich des Nachts Jemand hier einschleicht. Ist's ein Dieb? ist es ein — — ich will gar nicht sagen was?!

Edmund.
Und Sie haben Wally in Verdacht?

Frau Müllner.

Ich habe Wally überhaupt immer und bei jeder Gelegenheit in Verdacht — — das schadet nicht — — und einmal werde ich sie doch bei irgend Etwas ertappen! Aber in diesem Falle begreifen Sie meine Angst ... drei Frauen allein — — ohne Mann — — ohne Vertheidigung — — ich weiß nicht wozu ich mich entschließen soll — ich wollte schon zum Polizeikommissär gehen — —

Edmund.

Was fällt Ihnen ein — — wie leicht könnte hiedurch Jemand compromittirt werden — — Ueberlassen Sie die Sache mir; ich werde heute Wache halten — — und — —

Frau Müllner.

Wie, Sie wollten Sich diese Mühe geben?

Edmund.

Ich habe gerade mein Jagdgewehr bei mir — — Sie können sich also furchtlos zur Ruhe begeben.

Frau Müllner.

Meine Tochter wird Ihnen ewig dankbar sein!

Edmund (bei Seite).

Und wenn Wally wirklich — —?! Oh unmöglich!

Frau Müllner (nach der linken Seitenthür zeigend).

Sie wissen, hier über den Gang gelangen Sie zum Garten. — —

Edmund.

Ich will gleich auf meinen Posten! (Nimmt Jagdtasche und Flinte).

Achte Szene.

Vorige, Wally (von rechts).

Wally.

Frau Tante, es ist Alles wieder in Ordnung, Alles aufgeräumt, ich habe nichts zerbrochen.

Frau Müllner.

Das ist ein Wunder — — bei Deiner gewöhnlichen Ungeschicklichkeit —!

Wally (bei Seite).
So, das habe ich für meine Mühe!
Edmund.
Gnädige Frau, ich will nicht länger stören!
Frau Müllner.
Also auf morgen, lieber Edmund!
Edmund.
Mein Fräulein!
Wally.
Auf Wiedersehen, Herr Feldern.
Edmund (betonend).
Ich gehe durch den Garten! — — (Bei Seite.) Nein, nein — ich kann es nicht glauben! (Links ab.)

Neunte Szene.

Frau Müllner, Wally.

Wally (bei Seite).
Wie er mich ansah?
Frau Müllner.
Und jetzt . . : (sie schließt die linke Seitenthür und steckt den Schlüssel zu sich.)
Wally (bei Seite).
Was hat er denn? Sollte diese boshafte Frau mich bei ihm angeschwärzt haben?
Frau Müllner (hat auch die Tapetenthür rechts abgeschlossen und den Schlüssel zu sich gesteckt).
So, das wäre in der Ordnung!
Wally.
Sie schließen mich ein?
Frau Müllner.
Ich treffe die zweckentsprechendsten Vorsichtsmaßregeln. (Sie löscht das eine Licht am Piano aus und nimmt das andere.) Und jetzt schlafe — — oder schlafe nicht, das ist mir einerlei! (Geht an die rechte Seitenthür und wendet sich dort noch einmal gegen Wally.) Ein anders Mal wirst Du respektvoller gegen mich sein!
(Geht ab, man hört von außen die Thüre verschließen, es ist ganz finster auf der Bühne.)

Zehnte Szene.
Wally (allein).

Diese Behandlung!... (Sinnend.) Ja wohl, Edmund hat recht, ihre Tirannei geht zu weit! — Und als er mir mit beredten Worten Mittel und Wege zeigte, derselben ein rasches, vielleicht ein **glückliches** Ende zu machen... einen Augenblick schnürte es mir das Herz zusammen... ich glaubte seinen lockenden Einflüsterungen folgen zu sollen...! (Rüttelt sich.) Doch, Gott sei Dank! das dauerte nur einen Augenblick... es ging vorüber... (Sie hat in Gedanken den Stuhl links gegen sich gelehnt; kniet nun halb auf demselben, während sie ihre Arme auf die Stuhllehne stützt und die Hände faltet). Lieber Gott! Du bist mein einziger Schutz und Schirm! Ich danke Dir, daß Du meinen Muth, mein Herz bewacht und in der Gefahr mich beschützt hast! Hilf mir auch ferner... und gib, daß ich ihn **vergesse**!!! (Sie steht auf und fährt sich mit der Hand über die Augen.) Und jetzt will ich versuchen zu schlafen!... (Legt sich auf das Sopha links vom Balcon.) Ja, es wird wohl das Beste sein, nicht mehr an ihn zu denken!... ich muß ihn zu vergessen trachten... (Kleine Pause; einschlummernd.) Ach, Edmund! Edmund!

Eilfte Szene.
Wally, Clärchen.

(Man hört nach einer kleinen Pause die Tapetenthür rechts von außen aufschließen.)

Wally (durch das Geräusch ermuntert, erhebt sich halb).
Wer kommt? Sollte die Tante...? Clärchen...?!
(Die Tapetenthür öffnet sich nach der Bühne zu und Clärchen erscheint auf der Schwelle derselben; sie hat die farbigen Schleifen abgelegt, ist ganz weiß gekleidet und trägt eine kleine Blendlaterne in der Hand; die Bühne bleibt dunkel.)

Clärchen (vorsichtig auf den Fußspitzen eintretend, will nach der linken Seitenthüre gehen; Wally legt sich horchend rasch wieder nieder und stellt sich schlafend).
Alles schläft! (Sieht Wally.) Himmel! (Wendet die Blendlaterne gegen das Sopha und erkennt Wally.) Wally? Hier in die-

fem Zimmer? Wie kommt das? (Betrachtet sie näher.) Dem Himmel sei Dank, sie schläft fest!... Rasch, eh' sie erwacht!... (Sie öffnet den Kleiderschrank und nimmt eine Mantille aus demselben.) Er wird wohl schon im Garten sein... Die Nacht ist kühl...
   Wally (die Alles leise beobachtet hat, bei Seite).
Sie nimmt eine Mantille? Wo will sie hin?
   Clärchen (zieht einen Schlüssel aus ihrer Tasche).
Und jetzt hinab! (Sie geht an die linke Seitenthür und öffnet dieselbe.)
Wally (springt auf, faßt Clärchen an beiden Händen und dreht sie gegen sich).
 Wohin?
   Clärchen (erschrocken).
Wally?!... Du schliefst nicht?
   Wally (herrisch).
Antworte! Wohin willst Du? (Führt sie in den Vordergrund.)
   Clärchen.
Laß mich! (Will fort.)
   Wally (ihr den Weg vertretend).
Nein!... Wie kamst Du hieher? Ich war doch eingeschlossen!
   Clärchen.
Mama hat von allen Thüren doppelte Schlüssel... ich wußte, wo sie liegen...
   Wally.
Und Du nahmst sie?
   Clärchen.
Das war ja das einzige Mittel...! Jetzt laß mich gehen.
   Wally (sie abermals zurückhaltend).
Was hast Du vor?
   Clärchen.
Ich werde Dir Alles sagen... später... jetzt habe ich keine Zeit!
   Wally (entreißt ihr die Blendlaterne).
Ich lasse Dich keinen Schritt weiter, eh' ich nicht weiß...
   Clärchen.
Wally, Du hast kein Recht...
   Wally.
Nicht? Dann werde ich Deine Mutter rufen.

Clärchen (erschrickt).
Meine Mutter?
Wally (stellt die Laterne auf den Tisch rechts).
Wähle!
Clärchen.
Du bist sehr neugierig ... aber um fortzukommen ... es erwartet mich Jemand im Garten.
Wally (ängstlicher).
Wer?
Clärchen.
Du erräthst es nicht?
Wally (sich an's Herz fassend).
Edmund?
Clärchen (achselzuckend).
Ah! ... Edmund, ..!
Wally (starr).
Ein Anderer?
Clärchen (ungeduldig).
Jetzt laß mich. (Will fort).
Wally (sie wieder zurückhaltend).
Und ... woher kennst Du diesen Andern?
Clärchen.
Aus der Pension.
Wally.
Aus der Pension?
Clärchen.
Er wohnte dicht nebenan. Sein Garten war von dem unsern nur durch eine niedere Mauer getrennt ... Eines Tages sehe ich seinen Kopf über die Mauer hervorragen ... unsere Blicke begegneten sich ... und er verschwand ... Am andern Morgen trafen wir uns wieder ... er grüßte mich ... (stockt).
Wally.
Weiter!
Clärchen.
Ich dankte ihm natürlich! „Es ist heute sehr schönes Wetter, mein Fräulein," sagte er ... „Ja wohl", erwiederte ich ... „Madame geht deßhalb auch heute Nachmittag mit uns

nach dem Stadtwäldchen."... Denke Dir, er verfolgte uns während der ganzen Promenade!
       Wally.
Das war kein Wunder, da Du ihm ein förmliches Redenz-vous gegeben hast!
    Clärchen (die Unschuldige spielend).
Ach, daran dachte ich gar nicht!
       Wally.
So?! Doch, wie es scheint, seid ihr dabei nicht stehen geblieben?
       Clärchen.
Ich kann wahrhaftig nichts dafür! Er beklagte sich, nicht mehr und öfter mit mir sprechen zu können; da sagte ich ihm, er möge sich nicht unterstehen über die Mauer zu klettern und in unseren Garten zu kommen, besonders des Abends, da ich da gewöhnlich allein spazieren gehe... und mich sehr fürchte!
      Wally (ärgerlich).
Weßhalb hast Du ihm denn das gesagt? Das war ja wieder eine Aufforderung!
       Clärchen.
Du glaubst?
       Wally.
Und da kam er natürlich?
       Clärchen.
Gegen meinen Willen... und... bald erklärte er mir, daß er mich anbete und heiraten wolle.
       Wally.
Dich heiraten?! — Schön!... Aber seit den acht Tagen, daß Du wieder hier im Hause Deiner Mutter wohnst?
       Clärchen.
Da ging's noch einfacher... denn unser Garten ist nur durch ein kleines Gesträuch von der Straße getrennt... (verliebt) und da er sehr leicht ist...
       Wally.
Ah, er ist sehr... (nickt) hm!hm! — Also kam er auch schon hieher?!
       Clärchen.
Ja, des Abends! Ich mußte ihm doch mittheilen, daß

mich Mama zwingen will, diesen abscheulichen Edmund zu heirathen, von dem Du mir so viel Uebles sagtest und den ich hasse... und heute wollen wir nun berathschlagen, was zu thun sei, um diese Heirat zu verhindern.
Wally.
Daß Du Edmund nicht heiratest, damit bin ganz einverstanden... aber diese abendlichen Zusammenkünfte...
Clärchen.
Oh, sei unbesorgt, ich bin sehr vorsichtig!
Wally.
Ja, es hat ganz den Anschein... Redenz-vous im Mondenschein!
Clärchen.
Der Mond scheint jetzt nicht!
Wally.
Desto schlimmer... Da ist's noch finsterer... (Einen Entschluß fassend.) Und kurz und gut, als Deine Verwandte, als Deine Freundin... widersetze ich mich dieser ferneren Zusammenkünfte.
Clärchen.
Sei nicht kindisch, Wally... laß mich... er wartet auf mich... die Nacht ist so kühl... er kann den Schnupfen bekommen.
Wally.
Wär' er zu Hause geblieben! Marsch auf Dein Zimmer... Die Tante könnte uns überraschen!
Clärchen (immer ungeduldiger).
Du bist unausstehlich... ich wette er steht schon unterm Balcon und... friert! (Hat sich dem Balcon genähert und blickt verstohlen hinaus.) Richtig da ist er!
Wally (ebenso erstaunt).
Nein, das ist Edmund!
Clärchen.
Edmund?
Wally.
Ich erkenne ihn deutlich... er hat sein Jagdgewehr...
Clärchen (zitternd).
Wie kommt der hieher? (Eilt nach rechts vorne).

Wally (ihr folgend).

Vielleicht hat die Tante ihn ...

Clärchen.

Sollte sie Verdacht schöpfen?

(A tempo fällt hinter der Szene ein Schuß. Die beiden Mädchen schreien erschrocken auf, und kauern sich, die Ohren einen Augenblick zuhaltend, auf den Boden).

Clärchen.

Ich sterbe!

Clärchen.

Rasch! (Eilt zum Balkon.) Ich sehe Niemand mehr!

Clärchen.

Was beginnen?

Clärchen (zitternd vorkommend).

Am Ende ist Dein Geliebter erschossen?

Clärchen.

Oder wenn Mama von dem Schuß erwacht ... schnell zurück in mein Zimmer! (Sie wirft die Mantille auf den Tisch rechts, nimmt die Blendlaterne und entflieht mit derselben durch die Tapetenthür).

Wally (starr).

Was? Sie geht? und kümmert sich nicht ob ihr Liebhaber noch lebend oder todt ist?! Ah! ist das ein herzloses Geschöpf!

Zwölfte Szene.

Wally, Julius Kleinlich (sehr jugendliche etwas linkische Erscheinung).

Julius (sich über den Balcon schwingend).

Retten Sie mich ... retten Sie mich! (Er kommt tappend vor).

Wally (bei Seite).

Da ist er!

(Diese und die folgende Szene werden nun sehr rasch und leise gesprochen).

Julius.

Sind Sie da, Clärchen?

Wally (bei Seite).

Lassen wir ihn in dem Glauben! (laut) Ja! ... sind Sie nicht verwundet?

Julius.
Ich weiß noch nicht ... warten Sie ... (er befühlt sich).
Wally (die sich ihm genähert hat).
Sie zittern ja?
Julius.
Und wie! ... Ich kann mich kaum auf den Beinen halten! ... Man hat ja nach mir geschossen ... ich fürchte sogar man wird mich noch verfolgen!
Wally.
Ich will gleich die Balconthür schließen! (thut es rasch).

Dreizehnte Szene.

Vorige, Edmund (einen Paletot am Arme, das Jagdgewehr in der Hand und den runden Hut am Kopfe tritt ungesehen durch die linke Seitenthür ein).

Edmund (bei Seite).
Er ist über den Balcon entwischt! (lehnt das Gewehr gegen die Thüre, und wirft Hut und Paletot auf einen Stuhl).
Julius.
Verwundet bin ich nicht ... aber meinen Paletot habe ich verloren!
Edmund (bei Seite, auf Julius horchend).
Ha! (bleibt horchend stehen).
Wally (vorkommend).
Aber was nun?
Edmund (wo).
Und Wally mit ihm?! (geht leise nach dem rechten Hintergrunde).
Wally (horchend).
Ich höre Schritte! ... man kommt!
Julius.
Herrgott! ... wo verstecke ich mich?
Wally.
Da unter diesen Tisch ... rasch! — (Edmund kriecht unter den Tisch rechts; Wally gibt ihm, um ihn zur Eile anzutreiben, einen kleinen Schlag auf den runden Hut; unwillig bei Seite). Leichtsinniger Mensch!

Julius.
Sie sind ein Engel! (verschwindet hinter dem Teppich).
Edmund (höhnisch bei Seite).
Ein Engel!
Wally (eilt wieder nach dem Sopha links).
Lassen wir die Gefahr zuerst vorübergehen! (legt sich nieder).

Vierzehnte Szene.

Vorige, Frau Müllner, (im Nachtkleide, die Haare in Papil=
loten u. dgl. ein Licht in der Hand von rechts.)
Frau Müllner.
Man hat geschossen!! (Sie hält die Hand hinter das Licht um den Schein desselben auf Wally fallen zu lassen). Und dieser kleine Faulpelz schläft auf beiden Ohren!
Julius (steckt den Kopf unter dem Teppich hervor und erblickt Wally deren Gesicht jetzt hell beleuchtet ist; bei Seite). Sapperlott! das ist ja nicht Clärchen!
Frau Müllner (wendet sich um und erblickt Edmund welcher sich ihr genähert hat. Aufschreiend.) Zu Hülfe!
Edmund.
Beruhigen Sie sich . . . ich bins!
Frau Müllner.
Ach so . . . ich glaubte . . . (sie wankt zu dem Fauteuil am Tische rechts und setzt sich).
Edmund.
Der Schuß hat sie wahrscheinlich aus ihrer Ruhe geweckt?
Frau Müllner.
Ja wohl . . . nun . . . und . . . haben Sie Jemanden entdeckt . . .
Edmund (betonend).
Er ist mir leider entwischt!
Frau Müllner (jammernd).
Sie haben ihn nicht gleich todtgeschossen?
Edmund.
Ich fehlte ihn . . . allein ich fand seinen Paletot, den er bei der Flucht verlor!

Julius (den Kopf unter dem Teppich hervorsteckend bei Seite).
Mein Paletot! (Verschwindet wieder.)
Frau Müllner.
Und wer glauben Sie ...?
Edmund (mit Absicht).
So viel ich in der Dunkelheit erspähen konnte, hatte er das Aussehen eines Diebes!
Julius (wie oben).
Ist das ein Grobian!
Frau Müllner (aufstehend und nach der linken Seitenthür gehend).
Aber wie kam der Mensch herein? ... Ich schloß doch alle Thüren ab?
Edmund.
Ich fand sie offen.
Frau Müllner.
Also hat er falsche Schlüssel?
Edmund.
Wahrscheinlich!
Frau Müllner.
Die Angst tödtet mich ... wenn er noch hier wäre ...

Edmund (mit Absicht).
Vielleicht in jenem Kleiderschrank?

Frau Müllner (sehr ängstlich den Blick auf den Kleiderschrank gerichtet nach der rechten Seitenthür retirirend). Sehen Sie nach, lieber Edmund, aber behutsam!
Edmund (hat den Schrank geöffnet).
Niemand!
Frau Müllner (vorkommend).
Wie kann er nur entkommen sein?

Edmund (ebenso).
Wahrscheinlich auf demselben Weg, auf welchen er kam ... und so wird er die andere Treppe erreicht haben ...

Frau Müllner (immer ängstlicher nach rechts deutend).
Die nach jenen Zimmern führt? In der That, ich hörte Schritte im Corridor ...

Edmund (rasch).
Das wird er wohl gewesen sein!

Frau Müllner (außer sich vor Angst).

Ha! (Sie sinkt fast ohnmächtig um, Edmund fängt sie in seinen Armen auf.)

Edmund.

Kommen Sie, gnädige Frau, ich will gleich Sie und Ihre Zimmer in Sicherheit bringen.

Frau Müllner (geht einige Schritte gegen Wally).

Aber diese Kleine!

Edmund.

Lassen wir Sie schlafen ... wozu sie erschrecken und ängstigen!

Frau Müllner (nach rechts gehend).

Nun so kommen Sie!

Edmund (bei Seite nicht ohne Bitterkeit).

So gewinnt sie Zeit ihn entschlüpfen zu lassen.

Frau Müllner (hat auch das zweite Licht am Piano angezündet).

Gehen wir ...

Edmund.

Ich folge Ihnen!

Frau Müllner (bebend).

Nein — nein — gehen Sie voraus.

Edmund.

Richtig ... als Avantgarde!

(Beide rechts ab, Frau Müllner nimmt das eine Licht mit, das andere bleibt am Piano stehen).

Fünfzehnte Szene.

Wally, Julius.

Wally (aufspringend).

Endlich sind sie fort!

Julius (ein wenig hervorkriechend).

Ach, ist das unbequem, so unter'm Tisch!

Wally (den Teppich emporhebend).

Schnell, mein Herr, fliehen Sie!

Julius (kriecht ganz hervor und bleibt vor dem Tische auf den Knien).

Verzeihen Sie, daß ich Sie früher für Fräulein Clärchen hielt.

Wally (böfe).

Wenn ich jetzt Zeit hätte, möchte ich Ihnen wohl sagen, was ich von Ihrem Betragen halte!

Julius (aufstehend).

Aber weßhalb kam sie denn nicht in den Garten? Weßhalb ist sie nicht hier?

Wally (stolz).

Weil ich es verhinderte!

Julius.

Sie? ... Ich bin zwar gar nicht böse Sie bei dieser Gelegenheit kennen zu lernen ... ein so schönes Fräulein —

Wally.

Was unterstehen Sie sich! ... Sehen Sie lieber, daß Sie fortkommen ... und zwar so schnell als möglich!

Julius.

Wie Sie befehlen ... aber ... wo komme ich hier hinaus?

Wally (immer kurz angebunden).

Ich werde Sie führen ... auf der Treppe ist es stockfinster ... geben Sie mir Ihre Hand...

Julius (ihr seine Hand gebend).

Sie sind sehr freundlich! (Beide gehen einige Schritte nach links.)

Wally (bleibt stehen und horcht).

Still! ... Ich höre Schritte auf der Treppe!

Julius (läßt Wally's Hand los und flüchtet in den Vordergrund). Heiliger Gott!

Wally.

Der Gärtner wird durch den Schuß aufgewacht sein ...!

Julius (fast weinerlich).

Das ganze Haus macht Jagd auf mich ... wenn sie mich finden ...!

Wally (unruhig).

Die Tante wird auch gleich wieder zurückkommen ...

Julius (erschrickt).

Der Mann mit der Flinte auch?

Wally.

Sie müssen sich abermals verstecken.

Julius (kleinlaut).

Wieder unter'm Tisch?

Wally.
Nein … in den Kleiderschrank … den haben sie schon durchsucht … da sind Sie sicherer! (Sie führt Julius zu dem Schranke).
Julius.
Gott, ist das eine Nacht … wenn ich je wieder so unvorsichtig bin …
Wally (stößt ihn ungeduldig in den Schrank).
So gehen Sie doch! (Julius stolpert hinein, Wally schlägt rasch die Schrankthüren zu). Es war die höchste Zeit! —

Sechzehnte Szene.

Vorige, Frau Müllner (das Licht in der Hand, kommt mit) Edmund (von rechts).
Frau Müllner (Wally erblickend).
Nun, bist Du endlich wach?
Wally (sich verschlafen stellend und die Unschuldige spielend).
Was geht denn hier vor?
Frau Müllner (stellt das Licht auf den Tisch rechts).
Hast Du denn nichts gehört.
Wally.
Nein … ich schlief.
Frau Müllner.
Sehr fest, wie es scheint!
Edmund (bei Seite).
Wie sie sich verstellen kann!
Frau Müllner (Wally immer scharf ansehend).
Es hat sich ein fremder Mann bei uns eingeschlichen … weißt Du nichts Näheres darüber?
Wally.
Wie sollte ich etwas wissen!
Frau Müllner.
Wir durchsuchten schon das ganze Haus konnten aber Niemand finden …
Edmund.
Der Schuldige wird dasselbe, durch den Lärm verscheucht, wohl bereits verlassen haben.

Wally.

Wahrscheinlich!

Edmund (wüthend bei Seite).

Diese Ruhe...!

Frau Müllner.

Aber da fällt mir ein... Sie haben ja seinen Paletot gefunden — vielleicht gibt der Aufklärung. (Geht nach hinten und holt den Paletot, dessen Taschen sie durchsucht.)

Edmund (rasch, leise zu Wally).

Ist er fort?

Wally (erschrickt).

Sie wissen?

Edmund.

Vorsicht!

Wally (starr bei Seite).

Glaubt er am Ende, daß ich — —?

Frau Müllner (hat einen Brief aus dem Paletot gezogen, wirft den Letzteren wieder auf einen Stuhl und kommt vor).

Ein Brief! (Nähert sich dem Lichte und liest.) „Kommen Sie heute Abend zur gewöhnlichen Stunde, wir müssen einen Entschluß fassen, um mich zu befreien!"... Keine Unterschrift...! Also war es doch kein Dieb?

Edmund (unruhig).

Von wem kann der Brief sein?

Frau Müllner.

Von wem? Sie fragen noch? (Wüthend auf Wally deutend.) Da steht die Verbrecherin, die von mir befreit sein will!

Wally.

Ich?! — — ist das meine Handschrift?!

Frau Müllner (höhnisch).

Spaß! — — die ist geschickt verstellt — —

Wally (empört).

Ich verbiete mir — —

Frau Müllner (herrisch).

Schweig! (Bemerkt die Mantille auf dem Tische rechts.) Und die Mantille, die ich selbst im Schranke aufbewahrte? Wie kommt diese Mantille hieher? He? Willst Du noch läugnen?

Wally (bei Seite).

Auch das noch! — — Was wird er von mir denken?!

Frau Müllner.
Und wie sie sich ruhig schlafend stellte! Oh! Oh!
Edmund (bei Seite).
Sie erwiedert nichts!
Frau Müllner.
Heraus mit der Sprache — — wer ist jener Mensch — — irgend ein Bruder Leichtsinn — — ein Taugenichts?!
Wally (die Fäuste ballend, bei Seite).
Und schweigen zu müssen — —!
Edmund.
Erlauben Sie, gnädige Frau, vielleicht ist er von guter Familie — — vielleicht läßt sich Alles noch auf eine anständige Weise repariren — —!
Wally (bei Seite).
Auch er?!... Schändlich!
Frau Müllner.
Nein — — ich mische mich nicht weiter in diese Angelegenheit — — der Ruf meines Hauses muß, meiner Tochter halber, gewahrt bleiben — — — aber mein Bruder hat keine Kinder — — er ist ihr Onkel, er soll mit seiner Nichte, dieser Schande unserer Familie, machen was er will!
Wally (vor Wuth fast weinend, bei Seite).
Oh, Clärchen! — — Oh, Mathilde! — —
Frau Müllner.
Für heute Nacht werde ich sie unter die Aufsicht ihrer ehrbaren, sittsamen Cousine stellen. — —
Wally (losbrechend).
Nein — — (sie geht einen Schritt gegen Frau Müllner — bleibt jedoch stehen, faßt sich an's Herz und sagt bei Seite.) Nein, ich darf sie jetzt nicht verrathen!
Frau Müllner (ängstlich zu Edmund).
Und Sie, Herr Edmund — —?
Edmund.
Gehen Sie ganz beruhigt wieder nach ihrem Zimmer, gnädige Frau, ich will nochmals Alles genau durchsuchen und erst, wenn jede Gefahr vorüber ist, werde ich das Haus verlassen.
Frau Müllner.
Oh! tausend Dank! — (Zu Wally auf die Tapetenthür zeigend.)

Und Du — da hinein! (Zieht einen Schlüssel aus der Tasche und öffnet die Tapetenthür.)

Wally (bei Seite).

Ich muß ihn noch sprechen! (Ab durch die Tapetenthür.)

Frau Müllner (schließt zu und steckt den Schlüssel wieder zu sich).

So! — Gute Nacht, lieber Edmund, und auf Wiedersehen morgen! (Ab durch die rechte Seitenthür.)

Siebenzehnte Szene.

Edmund, Julius, dann Wally.

Edmund (sich umsehend.)

Ob dieser kühne Jüngling noch hier ist? — Ach ich hätte eine große Lust ein paar Worte mit demjenigen zu wechseln, dem .... sie heimliche Rendezvous gibt!... Und ich Thor, der ich einen Augenblick glaubte... sie liebe mich! — Ich Narr! — Ob er noch hier ist? — (Sieht unter den Tisch.) Nein! (Sieht mit dem Licht unter den Sopha's.) Auch nicht. — (Bemerkt, daß sich die Thüren des Schrankes bewegen, leise.) Ha! dort! — (Der Schrank öffnet sich ein wenig, jedoch so, daß Edmund Julius noch nicht sehen kann.)

Julius (den Kopf ein wenig aus dem Schrank steckend).

Ach, ist das unbequem in so 'nem Schrank.

Edmund.

Er ist's! (Geht gegen den Schrank.)

Julius (hört das Geräusch und schließt hastig die Schrankthür.)

Edmund.

Jetzt hab' ich ihn! (Stellt das Licht auf den Tisch, versucht dann den Schrank zu öffnen, Julius zieht jedoch die Thür stets wieder zu, wodurch dieselbe einige Male auf und zugezogen wird, endlich reißt Edmund beide Thüren gewaltsam auf und man gewahrt Julius in einer komischen Attitüde im Schranke.) Heraus, mein Herr!

Julius (bebend).

Gnade — ich —'

Edmund.

Heraus!

Julius (stürzt zitternd und bebend aus dem Schrank, stößt an einen Stuhl, den er umwirft, flieht, das Gesicht immer gegen Edmund gekehrt quer über die Bühne und fällt dort rücklings auf das offene Piano, dessen Claviatur durch den Fall sehr stark ertönt).
Keine Thätlichkeiten, wenn ich bitten darf!
Edmund (ärgerlich bei Seite).
Er ist nicht einmal häßlich!
Julius (ängstlich aufstehend).
Mein Herr — — wenn es Ihnen einerlei wäre — — zöge ich es vor wieder zu g e h e n — —
Edmund.
Danken Sie Gott, daß ich nicht zur Familie gehöre und jeden Skandal vermeiden will, sonst...
Julius (erschrocken durch Edmunds drohende Geberden, fällt wieder rücklings auf das Piano, das abermals ertönt).
Keine Thätlichkeiten, mein Herr — — ich habe redliche Absichten — —
Edmund.
Ihre Handlungsweise spricht nicht dafür!
Julius.
Ich werde sie heiraten!
Edmund.
Heiraten?! — Das wollen wir erst sehen.
Julius.
Papa wird wohl einwilligen.
Edmund.
Ah, wir haben einen Papa — —? Ich werde seine Bekanntschaft machen.
Julius (erschrickt).
Wie? Sie wollten ihm sagen — —?
Edmund.
Wo ist er? wo wohnt er?
Julius.
Wo er wohnt?
Edmund.
Keine Ausflüchte...! Die volle Wahrheit!
Julius (zieht eilig eine Visitenkarte aus der Brusttasche; ruhig).
Hier haben Sie meine Karte,... Name... Adresse... Alles d'rauf...

Edmund (liest).
„Freiburg... Rosengasse 11..." Sie heißen Freiburg?
Julius (achselzuckend).
Ja wohl!
Edmund (die Karte einsteckend).
Das genügt!
Julius (bei Seite).
Die Adresse meines Schneiders!
Edmund.
Und jetzt fort!
Julius (erblickt seinen Paletot).
Ah, mein Paletot! (Nimmt denselben.)
Edmund.
Der muß hier liegen bleiben... Frau Müllner braucht nicht zu wissen, daß ich Sie noch hier fand...
Julius.
Recht schön... aber...
Edmund (wüthend).
Lassen Sie ihn liegen, sag ich... (Nimmt seine Jagdtasche um und setzt seinen Hut auf.)
Julius (den Paletot rasch wieder auf den Stuhl werfend, kleinlaut).
Ich habe ihn mir erst gekauft...!
Edmund.
Und nun vorwärts!
Julius.
Mit Vergnügen! (Geht einige Schritte gegen die linke Seitenthür und horcht.) Es ist schon wieder Jemand auf der Treppe! (Man hört die Tapetenthür leise von Außen aufschließen.)
Edmund (horcht).
Frau Müllner scheint auch zurückzukommen! Rasch fliehen Sie über den Balkon, Sie sind ja über denselben hereingekommen! (Die Tapetenthür öffnet sich ein wenig, Wally erscheint, ungesehen von den beiden Andern, horchend an der Schwelle.)
Julius.
Ueber den Balkon? Da brech' ich mir ja Hals und Beine!
Edmund (hat indessen sein Jagdgewehr genommen und die Balkonthüren geöffnet, drohend).

Wollen Sie, oder wollen Sie nicht?! —
Julius (flieht auf den Balkon).
Keine Thätlichkeiten!... (Bei Seite.) Er hat 'ne Flinte...
(Die Faust ballend.) Wenn er keine hätte... (Kleinlaut.) Aber er hat eine!
Edmund.
Wird's?! —
Julius.
Empfehle mich bestens! — Angenehme Ruhe! (Schwingt sich über den Balkon und verschwindet.)

Achtzehnte Szene.

Edmund. Wally (tritt ganz aus der Thüre).

Edmund (ohne Wally zu sehen).
Und diesen Menschen zieht sie mir vor...! Einen kleinen feigen Laffen...? Ach Wally! Wally! Welche Enttäuschung! (Stürzt links ab.)
Wally (einen Augenblick starr).
Was?! Er glaubt mich wirklich schuldig?! — (Will Edmund nachstürzen, bleibt jedoch in der Bühne stehen und richtet sich hoch auf.) Nein! Wenn er so wenig Vertrauen zu mir, zu meiner Ehre hat, dann liebt er mich nicht... und dann... ist ja doch Alles verloren! (Sie sinkt weinend auf's Sopha.)

Der Vorhang fällt.

Ende des zweiten Aktes.

Dritter Akt.

(Garten bei Reimer. Rechts erste Coulisse eine kleine Laube, in derselben zwei Gartenstühle und ein kleines Tischchen. Zweite Coulisse der Anfang einer Allee. Dritte Coulisse ein Pavillon, zu dessen Eingangsthüren mehrere Stufen führen. An den Pavillon anschließend eine niedere Mauer, welche quer über den Hintergrund der Bühne geht, und in deren Mitte ein großes Gitter sich befindet. — Auf jeder Seite des Gitters eine hohe Pappel. Links an der ersten und zweiten Coulisse Reimer's Wohnhaus, theils mit geöffneten Marquisen, Blumentöpfen, Statuen u. dgl. geschmückt. Zur Eingangsthür des Hauses führen ebenfalls Stufen. In der dritten Coulisse gleichfalls der Beginn einer Allee. Links im Vordergrunde ein großer freistehender Weidenbaum, rings um denselben eine kleine, weiße, runde Bank. Der Prospekt zeigt eine große Stadt. — Alles wieder sehr elegant und luxuriös.)

Erste Szene.

Mathilde, dann Reimer.

Mathilde (sitzt auf der Bank unter der Weide, liest in einem Buch und läßt dasselbe dann in den Schooß sinken).

Ich kann nicht lesen! Mir flimmert's vor den Augen... und meine Gedanken beschäftigen sich nur mit der drohenden Gefahr! Wenn Edmund wirklich Clärchen heiratet... wenn ein Wort, ein Blick uns verriethe... ach, welche Qualen leide ich!! — Und Wally, ist sie wirklich schuldig? Ich kann es nicht glauben... Ha, mein Mann!

Reimer (Mit Hut und Stock aus dem Hause links).

Schon im Garten, Mathilde?

Mathilde.

Ja, ich wollte die frische Morgenluft ein wenig genießen. Doch Du, willst Du schon ausgehen?

Reimer.

Ja,... ich habe eine schrecklich unruhige Nacht verbracht... Diese Wally wird mich noch zur Verzweiflung bringen... Seit den wenigen Tagen, die sie wieder in meinem Hause ist, habe ich Alles versucht, sie zu einem Geständnisse zu bringen... um endlich die Wahrheit über jene mysteriöse Geschichte zu erfahren, deren meine Schwester das Mädchen anklagt... vergebens! Sie beharrt in ihrem eigensinnigen Schweigen, sie begründet hierdurch den Verdacht ihrer Schuld nur noch mehr und ich bin daher entschlossen, dem Rathe Theresens zu folgen und Wally auf einige Zeit in ein Kloster zu geben!

Mathilde.

In ein Kloster? Conrad, was fällt Dir ein? Das hieße ja der Welt noch mehr die Augen öffnen... Hüte Dich vor Uebereilung! Eine solche Strenge scheint mir gefährlich... gegen ein junges Mädchen... das vielleicht nur das Opfer eines unbegründeten Verdachtes... eines bösen Scheines ist!

Reimer.

Eines bösen Scheines? Und das nächtliche Rendezvous? Ist ein Mann in dem Zimmer eines jungen Mädchens ein böser Schein?... Ist ein vorgefundener Liebesbrief ein böser Schein? — Jetzt begreife ich freilich, weshalb sie die Bewerbung Edmund's zurückwies...! Weil sie bereits einen andern Liebhaber hatte!

Mathilde (beschwichtigend).

Lieber Freund... höchstens einen verliebten Waghals, der...

Reimer.

Der ein unverschämter Abenteurer ist, und sich dadurch aus der Affaire zog, daß er Edmund eine falsche Adresse gab! Schickt ihn zu einen Schneider! Es ist niederträchtig!... Ich seh' es ein, ich war zu schwach, zu nachsichtig gegen Wally... die Folgen haben es traurig genug bewiesen! Die Erziehungsmethode meiner Schwester ist die richtige! Sieh ihre Tochter an, Clärchen, was ist aus der geworden? (Frau Müllner erscheint hinter dem Gitter und schellt unaufhaltsam und mit größter Gewalt an der Thorglocke.)

Reimer.
Was ist denn das für ein Spektakel?

Zweite Szene.

Vorige. Frau Müllner.

Frau Müllner (noch hinter dem Gitter).
Macht auf! Macht auf! (Ein Diener in Livree kommt eiligst aus dem Hause links, öffnet das Gitter und geht dann in die Allee links ab. Das Gitter bleibt bis zum Schlusse halb geöffnet. Frau Müllner stürzt athemlos auf die Bühne.) Ach, mein Bruder, mein Bruder!

Reimer.
Großer Gott, was hast Du denn? Du bist ja ganz außer Dir!

Frau Müllner.
Laß mich an Deine Brust stürzen! (Umarmt Reimer heftig.)

Reimer.
Diese Zärtlichkeit?

Frau Müllner (auffahrend).
Ich bin wüthend!

Reimer.
Ach so! Also deshalb!

Frau Müllner.
Ich fühle mich sterbend!

Reimer.
So setz' Dich nur! (führt Frau Müllner unter die Weide).

Frau Müllner (sich auf die Bank setzend).
Conrad! Conrad! Wenn Du wüßtest!

Reimer (ohne sich aufzuregen).
Was denn? (Setzt sich zu ihr, während Mathilde rechts von Müllner stehen bleibt.)

Frau Müllner.
Ich habe gar nicht die Kraft, zu sprechen... die Worte bleiben mir im Halse stecken!

Reimer (wie oben).

An dem Uebel leidest Du doch sonst nicht!

Frau Müllner.

Ein Ereigniß... das unglaublichste, das nichtswürdigste, das exorbitanteste, das monstruöseste...

Reimer (bei Seite).

Na also... nun stecken sie nicht mehr! (zu Frau Müllner.) Was gibt es denn eigentlich?

Frau Müllner.

Meine Tochter... mein Clärchen...

Reimer.

Ist sie krank?

Frau Müllner.

Ah... wenn es nur das wäre...

Reimer.

Am Ende von einem Wagen überfahren worden? — Das geschieht jetzt so häufig!

Frau Müllner (ungeduldig).

Conrad, Du machst mich nervös!

Reimer.

J, so sprich doch!

Frau Müllner.

Diesen Morgen sag' ich zu dem Dienstmädchen: „Rufen Sie meine Tochter zum Frühstück." Da antwortet sie: „Das wäre schwer möglich!" und geht rasch hinaus... Ich, erstaunt, beunruhigt im höchsten Grade, eile in das Zimmer Clärchens und finde...

Reimer (etwas beunruhigt).

Ich errathe, sie wird einen Roman gelesen haben,... ist dabei eingeschlafen... das Licht blieb brennen... der Bettvorhang fing Feuer...

Frau Müllner (aufspringend, grob).

Du bist ein Strohkopf!

Reimer (verletzt, ebenfalls aufstehend).

Erlaube...

Frau Müllner.

Einen Roman... Sie liest keine Romane... sie spielt sie selber!

Mathilde und Reimer.

Was?

Frau Müllner.

Aber den Gärtner jag' ich fort... die Köchin jag' ich fort.. denn sie stecken Alle mit im Complott...!

Mathilde.

In welchem Complott?

Frau Müllner.

Das die Flucht begünstigte!

Mathilde und Reimer.

Eine Flucht?

Reimer.

Was? Clärchen?

Frau Müllner.

Ja, Conrad! Deiner Schwester mußte das geschehen!! Meine Tochter, trotz meiner Strenge, mit der ich sie bewacht und gehütet habe... meine Tochter... ist aus dem mütterlichen Hause entflohen!!! —

Mathilde.

Entflohen?! (Bei Seite, aufathmend.) Edmund wird sie nicht heirathen!

Reimer (starr).

Durchgegangen? Clärchen? Die ein Prämium für gute Sitten bekommen hat?

Frau Müller (drohend).

Aber wenn ich sie erst wieder habe... wenn ich erst weiß, wohin ihr Räuber sie gebracht hat... denn ein Räuber ist dabei im Spiele... deßhalb komme ich, Bruder, Du mußt mit mir zur Polizei...!

Reimer.

Therese, um Gotteswillen keine Ueberstürzung... vielleicht ist Clärchen's Ehre... ihr Ruf noch zu retten... aber ist einmal der Skandal öffentlich...

Frau Müller.

Aber was nun thun? Denn geschehen muß etwas... jeder Augenblick Zögerung bringt Gefahr...!

Dritte Szene.

Vorige, Wally.

Wally (fingt hinter der Scene das Liedchen aus dem zweiten Akte).

Blühe Blümlein auf der Haiden,
Blühe Röslein an der Brust,
Mag die Blumen gerne leiden,
Hab' an Blumen meine Lust.
u. f. w.

(Der Dialog geht ununterbrochen während des Liedes fort.)

Frau Müllner (nach links horchend).

Ist das nicht Wally?

Reimer.

Jawohl!

Frau Müllner (von einem Gedanken ergriffen).

Sie wird wissen, wo ihre Cousine ist! Ich habe sie sehr in Verdacht...

Reimer.

Du glaubst?

Frau Müllner.

Ich bin sogar überzeugt, daß sie an Allem Schuld ist... deßhalb singt sie wohl auch so lustig... weil ihre schlechten Rathschläge befolgt wurden, weil... oh, dieses Mädchen!

Wally (in einem hübschen Morgenkleidchen kommt singend aus der Allee links).

Ah, guten Morgen, Onkelchen! (Sieht Fr. Müllner, bei Seite.) Die Brummtante? Halb links! (Will wieder ab.)

Reimer.

Halt! weßhalb fliehst Du meine Schwester?

Wally (achselzuckend).

Unwillkürlich! Ich fürchte immer, sie will mich wieder mitnehmen!

Reimer.

Ist das der einzige Grund?

Wally.

Ich habe keinen andern.

Reimer.

Wer weiß! Jedenfalls bleibe und beantworte unsere Fragen.

Wally.

Welche Fragen!

Frau Müllner.
Und hüte Dich zu lügen... sonst werden die Gerichte Dich zur Wahrheit zwingen.
Wally.
Die Gerichte? Hu! das klingt ja schauerlich!
Frau Müllner (sich hoch aufrichtend).
Wo ist meine Tochter?
Wally (geht einen Schritt näher).
Was sagen Sie?
Frau Müllner.
Wo ist meine Tochter? Du weißt es, läugne nicht.
(Reimer geht einige Schritte zurück zwischen Frau Müllner und Wally, welche auf diese Weise die äußerste Linke einnimmt.)
Wally.
Sie fragen, wo Clärchen ist?
Frau Müllner.
Spiele nicht die Unschuldige... Dein schlechtes Beispiel allein hat sie verleitet!
Wally.
Verleitet? Wozu?
Frau Müllner.
Ohne Deine elenden Rathschläge wäre es ihr niemals in den Sinn gekommen ihre Mutter zu verlassen.
Wally (starr).
Sie hat Sie verlassen?
Frau Müllner.
Noch einmal: wo ist sie?
Wally.
Ich wollte, ich wüßte es. Clärchen ist meine Muhme, ich bin ihre Freundin... und es schmerzt mich tief, so etwas von ihr erfahren zu müssen.
Frau Müllner.
Heuchlerin!
Wally.
Weßhalb hatte sie sich nicht mir anvertraut! Ich hätte alle Ueberredungskunst, alle Liebe angewandt, um sie von solcher Schande abzuhalten.
Frau Müllner.
Keine Flausen! Mich täuscht Deine Heuchelei nicht. Du bist ihre Mitschuldige!

Wally (entrüstet).

Ihre Mitschuldige? (Langsam und mit tiefster Verachtung.) Ich habe Ihr herzloses Betragen, Ihre blinde Parteilichkeit ruhig erduldet und Ihnen oft verziehen ... aber eine solche Verdächtigung ... Pfui! das ist verachtungswürdig! (Nimmt Reimer, der zu ihr getreten ist, bei der Hand.) Nicht wahr, Onkel, Du glaubst so etwas nicht von mir!

Reimer (zu Mathilde).

Ihre Worte klingen allerdings so aufrichtig ...

Mathilde.

Ich bin überzeugt, daß sie die Wahrheit spricht!

Frau Müllner.

Glaubt in Eurer Gutmüthigkeit, was Ihr wollt ... ich weiß bestimmt, daß sie Clärchens Aufenthalt kennt!

Wally.

Wenn das der Fall wäre, würde ich hineilen und, ich stehe Ihnen dafür, ich brächte Clärchen zurück!

Mathilde.

Aber da fällt mir, sie hatte ja intime Freundinnen in der Pension ... vielleicht weiß dort Jemand um das Geheimniß?

Reimer.

Das ist eine Idee....

Frau Müllner.

Die zu gar keinem Resultate führen wird.

Mathilde.

Ich will jedenfalls rasch hinfahren!

Frau Müllner.

Und ich gehe directe auf die Polizei! Komm!

Reimer.

Wäre es nicht besser abzuwarten?

Frau Müllner.

Komm' — oder ich geh' allein!

Reimer.

Wenn Du durchaus willst ...

Frau Müllner (zu Wally).

Und dieser Mamsell da wollen wir die Zunge schon lösen.

Reimer (mit Fr. Müllner durch das Gitter abgehend).

So beruhige Dich nur, Schwester.

Wally (bei Seite).

Jetzt wird sie ganz verrückt!

Mathilde (zu Wally).

Fürchte nichts, Wally — und warte hier, bis ich zurückkomme! (Ab ins Haus links.)

Vierte Szene.

Wally, dann Clärchen.

Wally (geht ganz in den Vordergrund links).

Clärchen von ihrer Mutter entflohen.. der Spaß ist ein Bischen stark, aber ... es mußte so kommen!

Clärchen (die Thür des Pavillons öffnend, leise).

Wally!

Wally.

Was seh' ich?

Clärchen.

Bist Du allein?

Wally.

Ja! komm!

Clärchen (aus dem Pavillon tretend).

Gottlob, daß ich Dich endlich sprechen kann!

Wally.

Hör' mal, Du scheinst Ueberraschungen zu lieben, aber diese übersteigt denn doch alle Grenzen! Wie kamst Du denn in unsern Pavillon?

Clärchen.

Ach, Wally! ich hielt es nicht länger bei der Mama aus! Dieses Leben ward mir unerträglich ... ihre Strenge, ihre Härte ...

Wally.

Ja, die kenne ich!

Clärchen.

Das Haus wurde mir ein Kerker! Und wenn Mama ausging, bewachte mich wieder ein alter Drache, den sie in ihre Dienste nahm, folgte mir auf Schritt und Tritt, spionirte nach jedem Blick, um ihn zu rapportiren ...! .

Wally (lächelnd).

Aha! eine Duenna, ein Kerkermeister! Spanisches Genre!

Clärchen.
Und dann erfuhr ich nichts mehr von Julius! Ich lebte in einer Todesangst, konnte ihm nicht schreiben, denn man bewachte mich ja Tag und Nacht... kurz, ich verlor den Verstand und lief endlich gestern spät Abend auf und davon!
Wally.
Das war sehr unrecht von Dir! Deine Mutter zu verlassen...! Doch jetzt ist keine Zeit zum Predigen! Sag mir nur, wie Du in diesen Pavillon kommst?
Clärchen.
Durch einen Zufall; ich wollte Anfangs...
Wally.
Doch nicht zu Deinem Monsieur Julius?
Clärchen.
Gott bewahre! Wie kannst Du das glauben? Nein!... zu einer Freundin, welche schon vergangenes Jahr aus der Pension trat, aber mich dort fast täglich besuchte. Ich wußte, daß sie seit einiger Zeit heimlich verlobt sei... ihre Eltern jedoch die Partie nicht zugeben wollen. Ich dachte mir: sie würde meine Leiden verstehen, sie würde mir rathen können... ich eilte also zu ihr... dieses Unglück...!
Wally.
Sie war auf einem Balle?
Clärchen.
Nein,... ihr Bräutigam hatte sie Abends entführt!
Wally.
Entführt?... Hatte die auch ein Prämium für gute Sitten bekommen?
Clärchen.
Nun verlor ich allen Muth und alle Ruhe! Nach Hause zurückkehren konnt' ich nicht mehr — — und so faßte ich den Entschluß mich Onkel Conrad anzuvertrauen, ihm alles zu gestehen und seine Hilfe anzuflehen. Allein als ich hier ankam, schlich sich eben Sabine aus dem Hause — —
Wally.
Ja, die läuft immer herum.
Clärchen.
Sie sagte, sie müsse heimlich zu einem Polterabend, sie käme erst am Morgen wieder — im Hause schliefe schon Alles — und da versteckte sie mich dort im Pavillon.

Wally.

Jetzt begreife ich.

Clärchen.

Ich schloß die ganze Nacht kein Auge —— Früh Morgens übermannte mich die Müdigkeit — und als ich eben erwachte und aus meinem Versteck wollte — — hörte ich die Stimme meiner Mutter!

Wally.

Genug! Wir müssen ihre Abwesenheit rasch benützen und einen Entschluß fassen.

Clärchen.

Aber welchen? Rathe mir Wally!

Wally.

Das ist sehr schwierig! Ich möchte gerne Deine Fürsprecherin bei Onkel Conrad sein, aber man hält mich für Deine Mitschuldige — sie werden mir nicht glauben —! Wenn nun Julius —! Das einzige Mittel ist eine schnelle Heirat!

Clärchen.

Du glaubst!

Wally.

Ja! — schreib ihm rasch!

Clärchen.

Ich dachte schon daran.... und dort im Pavillon...

Wally (geht mit Clärchen einige Schritte gegen den Pavillon). Nur schnell... bevor Deine Mutter wieder zurückkehrt.

Clärchen.

Ach, nimm mir nicht das Restchen Muth...!

Wally (welche eilig durch das Gitter sah).

Ha!

Clärchen (erschrickt).

Die Mama?

Wally (vorkommend).

Nein — — Herr Julius!

Clärchen.

Was will der hier?

Wally.

Das werden wir gleich erfahren.

Clärchen.

Ich möchte nicht, daß er mich gleich sieht...

Wally.

Weßhalb?

Clärchen (immer verlegener).

Ihm zu gestehen, daß ich Mama verlassen habe — daß ich seinethalben ——

Wally.

Nun, da es die Wahrheit ist...

Clärchen.

Aber das — wäre gegen den Anstand!

Wally (sarkastisch).

Und Dein „Durchgehen" ist nicht gegen den Anstand? Komische Ansichten lernt Ihr in Euren Mädchen-Instituten!

Clärchen (ausweichend).

Erforsche erst, was ihn hieher führt — und ich — dort! (Deutet auf die Laube rechts.)

Wally.

Wie du willst — ich aber an Deiner Stelle...

Clärchen.

Er kommt — thue, wie ich Dir sage! — (Verbirgt sich in der Laube.)

Fünfte Szene.

Vorige, Julius (erscheint am Gitter).

Wally (bei Seite).

Den sendet der Himmel, vielleicht kommt es jetzt zu einer Aufklärung.

Julius (hat forschend umhergeblickt, sieht endlich Wally und tritt schüchtern ein).

Ach, Fräulein Wally! Wie glücklich bin ich, Sie endlich zu finden! Sie suchte ich...

Wally (setzt sich unter die Weide und weist Julius einen Platz neben sich an).

Mich? Woher wußten Sie denn, daß ich wieder bei Onkel Reimer bin?

Julius (setzt sich).

Durch den Gärtner der Frau Müllner — ich habe ihm

gute Worte und — etwas Geld gegeben und da gestand er mir gestern — —

Wally.

Also mich suchten Sie — schön! Was wünschen Sie von mir?

Julius.

Oh viel —! Zuerst möchte ich Ihnen meinen Dank sagen. —

Wally.

Wofür?

Julius.

Wofür? Ei, Sie haben mich ja beschützt — gerettet vor der Wuth des — jungen Mannes mit der Flinte! Denn Ihre Schuld ist es nicht, daß er mich schließlich dennoch fand. —

Wally (etwas ängstlich).

Herr Edmund fand Sie?

Julius.

Ja, im Kleiderschrank — aber er war ziemlich artig — er verlangte nur meine Adresse — (Naiv lächelnd.) Ich gab ihm die meines Schneiders.

Wally (ironisch).

Das war sehr schlau!

Julius.

Ja — ich mußte es sein — wegen Papa!

Wally.

Aha! Weiter!

Julius.

Nun aber erfuhr ich durch den Gärtner, daß Sie, Fräulein Wally, die Sie eigentlich an Allem ganz unschuldig sind, allein für die Schuldige gehalten werden. — daß man Alles auf Ihre Rechnung schob. —

Wally.

Das ist wahr — und bis jetzt hält man mich auch noch für schuldig!

Julius.

Wie? Also alle Vorwürfe alle Beleidigungen, alle Verfolgungen haben Sie schweigsam, geduldig ertragen —? Aus Freundschaft für Clärchen? Oh, das war edel, das war große müthig von Ihnen, das verdient Bewunderung. — (Steht auf und verbeugt sich.) Ich bewundere Sie, mein Fräulein!

Wally (steht ebenfalls auf).

Der Zufall fügte es so — und ich möchte meine Cousine nicht verrathen!

Julius.

Aber sie — sie hätte sprechen, die Wahrheit bekennen sollen. (Beide kommen vor.)

Clärchen (bei Seite).

Er hat recht!

Wally.

Sie wagte es nicht. — Die Furcht vor der Strenge ihrer Mutter —

Julius (entschlossen).

Desto schlimmer! — Ich werde es wagen — und ich bereue, nicht früher gekommen zu sein —! Aber sehen Sie, liebes Fräulein, bei mir dauert es immer sehr lange bis ich zu einem Entschluß komme — und dann — der Mann mit der Flinte — Apropos, kommt er auch hieher?

Wally (nicht ohne Bitterkeit).

Seitdem ich wieder hier zurück bin, war er noch nicht da!

Julius.

Das ist mir sehr angenehm! Herr Reimer soll jetzt die ganze Wahrheit erfahren! Ich will nicht, daß Ihre Familie glaube, Sie... während Sie im Gegentheil doch gar nicht... Ach! warum bin ich nicht früher hiehergekommen!

Wally.

Nun, es ist noch nicht zu spät... rechtfertigen Sie mich, das wird eine gute, edle Handlung von Ihnen sein! (Lustig.) Brennen Sie mich so weiß wie möglich! Auf diese Weise wird man erfahren, daß Sie Clärchen lieben und die Heirat macht sich von selbst!

Julius (kratzt sich hinterm Ohr).

Die Heirat?

Wally (stutzt).

Ist das nicht etwa Ihre Absicht?

Julius (zögernd).

Das heißt... Clärchen ist allerdings sehr hübsch und liebenswürdig...

Wally.
Und für sie haben Sie fast Ihr Leben gewagt.
Julius.
Das war ein Fehler!
Wally.
Wie?
Julius.
Ja, eine Unvorsichtigkeit, und wenn ich gewußt hätte, daß es so gefährlich wird?
Wally.
So hätten Sie gezögert?
Julius.
Nein, ich hätte mich gar nicht riskirt!
Wally (etwas heftiger).
Ich denke, wenn man leidenschaftlich liebt... Sie lieben Clärchen doch...?
Julius.
Ich will nicht das Gegentheil behaupten... aber ich glaube kaum, daß sie mich so innig liebt.
Clärchen (bei Seite).
Was sagt er?
Wally.
Sie zweifeln?
Julius.
Bedeutend! Als ich damals in Gefahr war, wer kam mir zu Hilfe? Nicht Clärchen — Sie, Fräulein Wally!
Clärchen (bei Seite, immer erregter).
Das ist wahr!
Julius.
Weil Sie gut sind, weil Sie ein edles Herz haben!
Wally.
Nun, so wende ich mich jetzt an das Ihrige! Lassen auch Sie Ihr Herz sprechen; es wird Sie mahnen daß Sie die Schwäche eines Mädchens nicht länger mißbrauchen dürfen...
Julius.
Oh — mißbrauchen... mein Gott, wir sprachen uns öfters... ganz unschuldige Rendez-vous...
Wally.
Einerlei! Clärchen's Ruf, ihre Zukunft liegt dessen un-

geachtet einzig und allein in Ihrer Hand... Es gibt nur ein
Mittel, Alles wieder gut zu machen und ich hoffe, Sie werden
damit nicht zögern. Tante Müllner wird gleich hier sein...
erwarten Sie sie und werben Sie um Clärchen's Hand!
      Clärchen (bei Seite).
 Was wird er sagen?!
      Julius (verlegen seinen Hut mit dem Aermel streichend).
 Ja — wenn Clärchen Ihnen gliche — aber mit ihr...
bin ich eben nicht sehr beruhigt..! In der Pension nahm sie
meine Liebeserklärungen sehr bald und sehr freundlich auf...
wer weiß, wie das in der Ehe würde... denn als meine Frau
könnte sie, während ich sanft schlummere, auch des Nachts in den
Garten gehen... und...
      Clärchen (entsetzt aufschreiend).
 Ha! (sinkt fast ohnmächtig auf den Stuhl in der Laube).
      Wally.
 Armes Mädchen! (Eilt in die Laube und kniet vor Clärchen
nieder.)
      Julius (starr, bei Seite).
 Sie war hier? — Sie hörte Alles?
      Wally.
 Clärchen! Komm doch zu Dir!
      Julius (bei Seite).
 Ich glaube, das Gescheidteste ist, so rasch als möglich...
(Er ist mit langen Schritten gegen das Gitter geschlichen und stößt
dort auf den eben eintretenden Edmund.) Ha!

Sechste Szene.

Vorige. Edmund.

      Edmund.
 Das junge Herrchen aus dem Schrank!
      Julius (bei Seite).
 Der Mann mit der Flinte!
      Edmund (Julius fest am Arme fassend).
 Habe ich Sie endlich wieder, Herr Freiburg? (Kommt mit
ihm links vor.)

Julius.
Keine Thätlichkeiten, wenn ich bitten darf!
Edmund.
Was suchen Sie hier? Wohl Fräulein Wally?
Julius.
Ja wohl! Allerdings! Ich kam hieher, um Fräulein Wally zu...
Edmund.
Wann werden Sie sie heiraten?
Julius (dumm).
Was? Die soll ich heiraten?
Edmund.
Hoffentlich haben Sie doch nicht die Frechheit... Aber nein, (verächtlich) ich will ein solches Kinderspiel nicht tragisch nehmen...! Doch merken Sie sich eines: ich weiche nicht von Ihrer Seite, bis Sie sich erklärt und Alles ehrenvoll in Ordnung gebracht haben! (Er schüttelt ihm krampfhaft die Hand.)
Julius.
Drücken Sie nicht so!
Edmund (zieht Julius nach dem Gitter).
Kommen Sie zu Ihrem Vater!
Julius (bebend).
Zu meinem Vater!
Edmund.
Vorwärts!
Clärchen (mit Wally aus der Laube tretend).
Halt!
Edmund (bei Seite).
Die beiden Mädchen!
Clärchen.
Lassen Sie den Herrn seiner Wege ziehen.
Edmund.
Wie? Ich soll...? Oh nein, erst hat er hier seine Pflicht zu thun!
Wally.
Das ist auch meine Meinung! Halten Sie ihn nur fest!
Julius (zu Wally).
Er will ja, daß ich Sie heirate!

Wally (ernst).

Mich nicht... sondern meine Cousine!

Edmund (stutzt).

Ihre Cousine?

Clärchen (fast tonlos).

Der Schein hat Sie betrogen, Herr Feldern... ich hatte nicht den Muth, meine Schuld zu gestehen...

Edmund (Wally anblickend).

Was sagt Sie? (Wally sieht ihn ernst und vorwurfsvoll an).

Clärchen.

Aber jetzt muß die Wahrheit an's Licht...! Ich bin allein die Schuldige... jenes Stelldichein... galt mir!

Edmund.

Ihnen?

Julius.

Natürlich! Wir kennen uns ja schon aus der Pension... wo wir uns täglich sprachen... über die Mauer... (Bei Seite.) Ist der Mensch begriffsstützig!

Edmund.

Also Wally?

Clärchen.

Ist die beste, aufopferndste Freundin, die sich lieber unschuldig anklagen ließ als mich zu verrathen! O Wally, Wally... Du weißt nicht, wie tief beschämt ich bin! Vergib mir... und entziehe mir Deine Freundschaft nicht... die einzige, die mir wohl auf Erden mehr bleiben wird!

Wally (herzlich).

Meine Freundschaft? Thörin! Ich habe nie aufgehört Dich zu lieben und... zu achten!

Edmund (zu Clärchen).

Ach Fräulein,... Ihr Geständniß macht mich unendlich glücklich... (zu Julius) Sie doch auch?

Julius (zieht ein Taschentuch und wischt sich die Augen).

Ja wohl... ich bin gerührt! Clärchen, Sie haben mich gerührt! Sie haben auch ein gutes Herz... nur ich, ich habe keines... oder ein miserables... denn wenn ich bedenke... (nähert sich Clärchen immer mehr und spricht immer leiser) daß ich vorhin hier... so häßliche Worte... aber ich nehme sie zurück... vergessen auch Sie... und verzeihen Sie mir...

denn ... (fällt auf beide Knie vor Klärchen) ich liebe Sie, Clärchen!
Clärchen (traurig).
Nein, nein Julius, Sie lieben mich nicht!
Julius (steckt sein Taschentuch wieder ein und springt auf).
Ich Sie nicht lieben? Clärchen wie können Sie so sprechen? Ich liebe Sie wahnsinnig, ewig, bis zu meinem letzten Athem= zuge ... und noch länger ... wie der Dichter sagt: „über's Grab"! Doch vorläufig wollen wir an's Grab noch nicht den= ken, sondern wie's Lorle sagt: „erscht recht lebe — lang' lebe"! Ja? Mein Clärchen! (Er küßt ihr feurig die Hand.)
Wally (drollig).
Na also! es löst sich ja Alles wieder in allgemeines Wohl= gefallen auf!
Julius.
Heute spreche ich noch mit meinem Vater ... ich bin beinahe volljährig und keine Macht der Erde wird mich länger hindern Sie zum Altar zu führen!
Wally.
Bravo!
Edmund.
Das heißt gesprochen!
Julius (trocknet sich den Schweiß von der Stirne).
Und jetzt zu Frau Müllner! Wo ist sie? Ich will sie sofort sprechen!
(Man hört das Rollen eines Wagens.)
Wally (nach dem Hintergrunde blickend).
Da kommt sie eben mit dem Onkel.
Clärchen.
Ach, wenn sie mich hier findet ...
Wally.
Geh' ins Haus ... Mathilde ist vielleicht noch da ... laß mich den ersten Sturm pariren! — (Schiebt Clärchen in das Haus links.)

Siebente Szene.
Wally, Edmund, Julius, Frau Müllner, Reimer.
Frau Müllner (zu Wally.)
Der Polizei=Commissär ist von Allem unterrichtet!

Wally.
Schade um die Mühe!
Frau Müllner (auffahrend).
Wie?
Wally (hänselnd).
Bitten Sie doch diese beiden Herren um Auskunft! (Deutet auf Edmund und Julius.)
Reimer,
Edmund mit einem Fremden? Wer ist der Herr?
Edmund.
Er wird sich Ihnen gleich selbst vorstellen. (Zu Julius.) Vorwärts, junger Mann, und muthig den Sturm gewagt.
Julius (sehr ängstlich).
Gnädige Frau! ... Ich fühle mich sehr glücklich Ihnen anzeigen zu können, daß Papa einwilligt ... das heißt ... er wird wohl einwilligen ...
Frau Müllner.
Papa?
Reimer.
Papa?
Frau Müllner (wüthend und ungeduldig).
Mit wem habe ich das Vergnügen, mein Herr?!
Julius,
Gnädige Frau ... ich bin der junge Mann ... Sie wissen ja ... der des Nachts in Ihrem Garten ...
Reimer und Frau Müllner.
Sie?!
Julius.
Ja und ... ich bitte ... um meinen Paletot!!!
Frau Müllner (außer sich).
Sie kleiner Unglücksmensch ...
Edmund (Frau Müllner zurückhaltend).
Schüchtern Sie ihn nicht ein!
Julius.
Um so mehr, als Papa sicher einwilligen wird! ...
Frau Müllner.
Vor allem Andern wer sind Sie?
Julius.
Ganz richtig! Julius Kleinlich, 23 Jahr alt ... zu Mi=

chaeli... ich könnte beinahe schon Wahlmann sein... wenn überhaupt Wahlen ausgeschrieben wären...

Reimer.

Bleiben wir bei der Sache! — Es gibt leider zu viele Spekulanten, welche leichtgläubigen Eltern eine reiche Mitgift entlocken...

Julius.

O, ich bitte — wir sind selbst wohlhabend. — Mein Vater liebt die Mechanik, er macht Locomotive!

Reimer.

Sie sind der einzige Sohn?

Julius.

Ja, Herr Reimer, ich habe nur zwei Schwestern, die noch im Pensionat sind.

Wally (ironisch).

Gratuliere!

Julius.

Und deßhalb nehme ich mir die Freiheit und werbe hiemit...

Frau Müllner.

Um meine Nichte?

Julius.

Ihre Nichte?

Wally (bei Seite).

So, jetzt fangt die Geschichte von Anfang an!

Julius.

Ich glaubte immer sie wäre Ihre Tochter?

Frau Müllner.

Nur meine Nichte... ich habe an diesem Verwandtschaftsgrad schon genug.

Wally (bei Seite lächelnd).

Es verwickelt sich immer mehr!

Frau Müllner.

Mein Bruder ist der Vormund — wenden Sie sich an ihr.

Wally (leise zu Edmund, der heimlich mit ihr gesprochen hat).

Lassen wir sie ruhig gehen... warum sollen wir uns nicht auch ein wenig amüsiren?!

Julius (zu Reimer tretend).

Ah! Herr Reimer ist...? Ich glaubte, Sie wären der

Vormund von . . . und nun sind Sie auch der Vormund von . . . so, so! — (grüßend) darf ich mir also schmeicheln?

Reimer.

Ich werde mit Ihrem Vater sprechen, und so unangenehm diese Partie mir auch ist, ich werde meine Einwilligung geben!

Julius.

Sehr schmeichelhaft! (Geht zu Wally und Edmund.) Nun wären wir ja also glücklich heraus!

Wally (schalkhaft).

Glauben Sie?

Edmund (zu Julius).

Geben Sie 'mal Acht! (Wendet sich zu Reimer und Frau Müllner.) Meine Herrschaften! auch ich erlaube mir als Freier aufzutreten . . .

Frau Müllner (bei Seite).

Himmel! Jetzt wird er meine unglückselige Tochter begehren, und ich weiß nicht, wo sie ist?

Edmund.

Ich bitte Sie hiemit um die Hand des Fräulein Wally.

Reimer.

Wally? Sie hörten doch, daß ich sie eben diesem Herrn zusagte!

Julius.

Entschuldigen Sie . . . ! Keinen derartigen gefährlichen Irrthum . . . ich warb um Fräulein Clärchen.

Frau Müllner.

Um meine Tochter? Sie?

Edmund.

Um derentwillen er über Mauern und Balcone kletterte . . . sich unter Tischteppichen und in Kleiderschränken versteckte . . .

Frau Müllner.

Dieser Milchbart?!

Wally.

Und seinethalben hat Clärchen Ihr Haus verlassen.

Frau Müllner (stürzt auf Julius los).

Zum Polizei-Commissär!

Julius (ausweichend).

Keine Thätlichkeiten . . .

Reimer (zu Wally).
Und ich beschuldigte Dich, meine arme Wally! (Umarmt sie.)
Frau Müllner (zu Julius).
Aber meine Tochter? Was haben Sie mit ihr angefangen, Sie schändlicher Lovelace?! (Fast weinerlich.) Soll ich denn mein Kind nie wiedersehen?!

Eilfte Szene.

Vorige, Mathilde und Clärchen (sind schon bei den letzten Worten aus dem Hause getreten).

Mathilde (leise zu Clärchen).
Das ist der günstigste Augenblick.
Clärchen (ihrer Mutter zu Füßen fallend).
Mutter . . . Verzeihung!
Frau Müllner (wendet sich, erblickt Clärchen und stürzt wüthend zu ihr).
Ha, endlich! Unwürdige Tochter! Du wagst es vor meine Augen . . .
Reimer (dazwischen tretend).
Liebe Schwester . . . fange nicht wieder von vorne an!
Julius (bei Seite).
Mir scheint, bei der Schwiegermutter werd' ich schlechte Zeiten haben!
Reimer (hebt Clärchen auf).
Steh' auf, Clärchen! Deine Mutter schreit zwar gerne . . . aber im Grunde hat sie doch ein gutes Herz und wird in Deine Verheiratung mit Herrn Kleinlich willigen! Was nun Edmund betrifft . . . (zu Mathilde) denn er hat seine Werbung um Wally's Hand wiederholt . . .
Mathilde (bei Seite).
Himmel!
Wally (Mathilden's Schrecken bemerkend, mit Festigkeit).
Und ich wiederhole meine Abweisung.
Reimer.
Abermals? Das scheint eine Antipathie zu sein?
Edmund.
Nein, Herr Reimer, ich kenne den Grund dieses Entschlusses, Fräulein Wally hat ihn mir selbst mitgetheilt.

Sie?

Mathilde (unruhig, bei Seite).

Edmund (lächelnd).

Fräulein Wally ist eine schlechte Patriotin, sie liebt ihr deutsches Vaterland nicht... hat den Wunsch, die weite Welt kennen zu lernen... und wenn ich ihr den Vorschlag machte, uns in England oder Amerika anzusiedeln...

Wally (rasch, freudig).

Für immer?! Sie versprechen mir das?

Edmund.

Ich schwör' es Ihnen bei meiner Liebe!

Wally.

Das ist etwas Anderes! — (Reicht Edmund die Hand.) Meine Herrschaften, ich habe die Ehre, Ihnen hier meinen Bräutigam vorzustellen. (Allgemeine freudige Erregung, nur Frau Müllner seufzt laut auf und schleudert wüthende Blicke auf Julius und Clärchen.)

Mathilde (bei Seite).

Gottlob! Ich werde ihn nicht mehr sehen!

Reimer (zu Frau Müllner).

Nun, liebe Schwester, begreifst Du endlich...

Frau Müllner (einfallend).

Ja wohl... ich begreife, daß ich noch nicht wachsam genug war, da meine Tochter, die ich so strenge hütete und bewachte...

Wally.

Der Strenge und der Aufsicht gar manches Mädchen lacht,
Nur jenes ist gehütet, das selbst sich streng bewacht.

(Sie reicht Edmund die Hand, Reimer umfaßt Mathilde, Julius will Frau Müllner umarmen, diese gibt ihm einen leichten, abweisenden Stoß; Julius geht ängstlich, auf Frau Müllner blickend, zu Clärchen und küßt ihr die Hand, während Frau Müllner in der Mitte des Vordergrundes mit gekreuzten Armen starr dasteht, und wüthende Blicke auf Julius wirft.)

Der Vorhang fällt.

Ende.

www.ingramcontent.com/pod-product-compliance
Lightning Source LLC
Chambersburg PA
CBHW032240080426
42735CB00008B/937